대한민국 상위 3%의 장사법

대한민국 상위 3%의 장사법

초판 1쇄 인쇄 | 2024년 7월 3일
초판 1쇄 발행 | 2024년 7월 10일

지은이 | 배문진
펴낸곳 | 대한출판사
펴낸이 | 오두환
주소 | (15865) 경기도 군포시 광정로 80
전화 | 031-459-8830
팩스 | 031-454-7009
홈페이지 | www.daehanbook.com
이메일 | daehanbook@naver.com
출판등록 | 2020년 7월 15일 제402-2020-000013호

값 17,800원
ISBN 979-11-92505-16-9 03320

대한민국
상위 3%의
장사법

배문진 지음

대한출판사

이 책에 쏟아진 찬사

동업자로서 배문진 대표는 늘 '맛있게'보다는 '팔리게'를 강조한다. 담백한 문장으로 써 내려간 이 책은 실제로 '팔리게끔' 브랜딩한 이야기만 담겨있다. 현장에서나 들을 수 있을 법한 진짜 장사와 브랜딩 이야기. 자영업자들이 생각해야 할 방향은 이런 게 아닐까.

권정훈_〈장사 권프로〉 3700만 조회, 장사 정보 1위 유튜버

지난 10년 동안 배문진 대표의 삶을 옆에서 지켜본 가까운 지인으로서 솔직하게 말할 수 있다. 배문진 대표는 성공팔이 사기꾼들이 판치는 브랜딩과 컨설팅 분야에서 몇 안 되는 신뢰할 수 있는 컨설턴트이다. 모든 자영업자에게 이 책을 필독서로 추천한다.

김현식_외식 프랜차이즈 '두가지 컴퍼니' 대표

세상은 경쟁으로 가득해 보이지만 알고 보면 허수가 많다. 학원에는 모범생, 헬스장에는 근육 맨만 있다. 정작 공부와 운동이 필요한 이들은 몇 번 오다가 말뿐이다. 늘 포화 상태라는 자영업 분야

도 마찬가지이다. 상위 3%만 경쟁한다. 상위 20%가 전체 생산의 80%를 해낸다는 20:80의 '파레토의 법칙'보다 더 냉혹하다. 이제 선택은 한 가지뿐이다. '중요한 소수'가 될 것인가, '사소한 다수'가 될 것인가. 이 책을 펼쳤다면 이미 전자에 한 걸음 더 가까워진 셈이다.

노승욱_자영업자 멘토링 플랫폼 '창톡' 대표

이 책은 모든 자영업자의 꿈이다. 배문진 대표의 현장 경험과 깊은 통찰이 녹아있어 누구나 적용할 수 있는 실용적인 지침서이다. 단순한 생존을 넘어 성공을 꿈꾸는 모든 자영업자에게 이 책을 강력히 추천한다. 이 책을 통해 자영업자 상위 3%의 비밀을 알게 되면, 당신의 사업은 새로운 도약을 맞이하게 될 것이다. 자영업의 길에서 방황하고 있다면, 지금 당장 이 책을 펼쳐라.

오두환_20여 개 사업체 대표, 베스트셀러 작가, 교수, 〈지식포털〉 유튜버

만약 당신이 창업하기 전에 운이 좋아 이 책을 읽는다면, 가격 주도권을 소비자가 아닌 당신이 가지고 장사할 수 있다는 확신을 할 수 있을 것이다. 3%라는 숫자가 이렇게 설렐 줄이야.

이승현_'롱타임노씨' 대표, '맥형아카데미' 대표, 〈맥형TV〉 유튜버

'최고의 음식을 만들어 사람들을 행복하게 만들자.'

초등학교 5학년 때 아버지께서는 내가 처음으로 끓인
라면을 맛있게 드시며 행복해하셨다. 그 모습을 보고 나
는 맛있는 음식으로 사람들을 행복하게 할 수 있다는 순
진한 생각에 셰프가 되겠다고 결심했다.

고등학교 3학년, 또래 대부분이 대입 수능 준비에 한
창일 때 나는 진로를 조리학과로 결정하고 주방에서 경
험을 쌓으며 자격증을 취득했다. 이후 호텔 실습을 시작

으로 최고급 호텔, 일식, 중식, 해외 유학, 파인 다이닝 레스토랑, 개인 사업 등을 통해 셰프로서의 커리어를 10년 정도 쌓았다. 그렇게 열심히 달려가던 어느 날, 나의 가치관을 바꾼 계기가 있었다.

개인적으로 여전히 배울 게 많고, 내가 넘지 못할 산이라고 여기는 멘토인 선배 셰프가 운영하던 개인 레스토랑이 적자로 폐업하는 모습을 지켜본 것이다. 선배는 누구보다 부지런하게 신선한 식재료를 고르고, 작은 것 하나까지도 정성을 들여 고객에게 최고의 음식을 제공하고자 모든 것을 쏟아부었다. 그런 선배가 성공하지 못한다면 도대체 누가 성공할 수 있다는 말인가? 그뿐만이 아니다. 성공한 셰프의 모습을 보여주던 선배들이 호텔과 레스토랑이라는 울타리에서 벗어나 사업으로 전향한 후 연약하게 쓰러지는 모습을 너무 많이 목격했다.

이러한 현실은 결코 이분들만의 이야기가 아니다. 일주일에 6~7일, 하루에 10시간 넘게 누구보다 열심히 최선을 다해 일하는 대한민국 600만 자영업자들의 80%가 같은 처지에 놓여있다. 그때부터 '최고의 음식이 사람들을 만족시키는 것이 아닐 수도 있겠구나.'라는 의심을 하기 시작했다.

그래서 최고의 음식이 아님에도 사람들이 즐거워하는 곳을 찾기 시작했다. 멋있고, 화려하고, 뭔가 있어 보이는 음식에서 벗어나 진짜 팔리는 음식들이 있는 곳으로 향했다. 캐비어, 송로버섯, 최고급 횟감 등을 핀셋으로 조심스레 올리던 일에서 벗어나 프랜차이즈 회사에 들어가 하루에 500개씩 도시락을 만들었다. 또 샌드위치를 만들고, 저렴한 부위를 고급스럽게 포장하는 상품을 만들기 시작했다.

사업에 관한 책들도 미친 듯이 먹어치우기 시작했다. 책 글귀에 밑줄을 긋고, 외우고, 내가 만드는 음식에 적용하기 시작했다. 그리고 팔리는 상품을 만드는 공식이 그려지기 시작하자 그 이야기를 많은 사람에게 공유하고 싶어졌다.

여전히 많은 자영업자가 음식을 맛있게 만들면 손님이 좋아할 것이라고 믿고 사업을 한다. 이에 대해서는 좀 세게 말해야겠다.

"꿈 깨라."

8

간혹 오직 뛰어난 음식 맛만으로 장사가 잘되는 곳도 있다. 하지만 내가 그렇게 될 확률이 얼마나 될까? 확신한다. 5% 내외일 것이다. 사람들은 이제 '맛있는 것 그 이상의 무언가'를 원한다. 그리고 그 이상의 무언가가 채워진 곳에 돈을 지불한다.

그렇다면 그 무언가는 대체 무엇일까? 그 질문에 대해서 일본의 마스다 무네아키[1]는 그의 책 《지적자본론》에서 사람이 돈을 쓰는 문화적 특징을 3단계로 나누어 소개하며 답을 준다.

1단계 - 물건이 부족한 시대

이 시대는 어떠한 상품이든(그것이 물건이든, 음식이든, 서비스든) 품질을 좋게 만들어 팔면 잘 팔린다. 경쟁사의 상품 품질이 낮은 경우가 많아 품질만 좋으면 잘 팔린다. 또 맛있는 음식이 그다지 많지 않아 맛있게 만들면 손님이 줄을 서는 시대이다.

---

1 미래의 서점이라고 불리는 일본 츠타야 서점의 CEO

2단계 - 상품이 넘쳐나는 시대

상품 품질이 대부분 상향평준화되어 어딜 가나 좋은 것이 넘쳐난다. 이때는 구매하는 플랫폼을 중요하게 여기는 시대이다. 오프라인 쇼핑은 이마트나 코스트코 등의 대형마트, 빠른 배송은 쿠팡, 밀 키트는 네이버 스마트스토어처럼 상품을 판매하는 온·오프라인 공간이 중요한 시대라는 뜻이다. 바로 얼마 전까지 대한민국은 이 시대를 살았다.

3단계 - 상품도 플랫폼도 넘쳐나는 시대

플랫폼 간의 차별성이 약해진 시대이다. 인터넷과 SNS의 발달로 큰 회사와 개인사업자가 서로 경쟁할 수 있게 되었다. 개인사업자도 고객에게 어떤 가치를 제안하느냐에 따라 충분히 대기업을 이길 수 있다. 이때 중요한 것은 어떤 플랫폼이냐가 아니라 판매자가 고객에게 얼마나 가치 있는 제안을 하느냐에 따라 성패가 갈린다는 것이다. 크든 작든 사업을 하려면 이를 명심해야 한다. 우리는 현재 이 시대에 살고 있다.

3단계 시대에는 어떤 식으로 소비가 이루어지는지 살펴보자.

다이슨Dyson에서 청소기가 처음 나왔을 때 청소기 한 대 가격이 거의 200만 원에 육박했다. 이것이 의미하는 바는 무엇일까? 사람들이 청소기(상품) 자체가 필요해서 구매하기보다는, 다이슨 청소기가 제안하는 가치[2]를 소유하기 위해 상품을 구매하기 시작했다는 것이다. 오늘날 소비 전반에서 희소성, 상대적 우월감, 즐거움, 그리고 자기만족을 위한 소비가 더욱 늘어나고 있으며, 앞으로도 그럴 것이다.

이처럼 세상은 3단계 시대에 접어들어, 가치를 제공하기 위해 피 튀기는 전쟁을 하고 있다. 그런데 대다수 자영업자는 아직도 1단계에 머물러 중노동을 하며 잘못된 방향으로 에너지를 소모하고 있다.

노력은 누구나 한다. 문제는 누구나 열심히 노력하기 때문에 경쟁력이 없다는 것이다. 이제 좋든 싫든 자영업자는 창의적으로 변해야 한다. 이것은 선택의 문제가 아니다. 노력의 방향을 바꿔야 한다. 특히 세계에서 유행의

---

2 최대의 성능, 최소의 디자인(Maximal performance, Minimal design)

변화가 가장 빠르다는 대한민국에서는 더더욱 그렇다.

이 책은 무엇이든 할 수 있다고 말하는 동기부여 책이 아니다. 매일 아침 거울을 보며 난 할 수 있다는 말을 외치라는 주문은 하지 않는다. 나는 경력이 10년 넘는 전문 셰프를 그만두고 각 분야의 전문가들과 함께 ㈜비투케이브랜딩B2K BRANDING이라는 회사를 설립했다. 이 회사에서 프랜차이즈 메뉴 기획, 컨설팅, 세미나, 브랜드 기획 등을 하며 수천 명의 자영업자와 사업가를 만난 지금까지의 경험을 바탕으로 쓴 책이다.

직접 경험하고, 기획하고, 만들어 낸 사례들을 예로 들었다. '머리로는 이해하지만 정작 적용할 수는 없는 대기업 이야기'를 최대한 배제하고, 실제로 변할 수 있는 방법을 제시하려고 한다. 책에 나오는 내용이 누구에게나 통하는 만병통치약은 아닐 것이다. 하지만 모든 것을 혼자 짊어지고 가야만 하는 외로운 사장님이 스스로 1단계 사고에서 벗어나 3단계로 레벨 업 할 수 있는 발판이 될 수 있을 것이라 확신한다.

Chapter 3 _____

0원으로도 독보적 브랜드를 만들 수 있다

Chapter 4 _____

결국 돈 되는 상품을 만들어야 한다

Chapter 5 _____
결국에는 성공할 수밖에 없는 방법

Chapter 1

사업의 성패는
준비에서 결정된다

사업을 잘한다는 것

―・∘∘∘ ● ∘∘∘・―

"사업을 잘하고 싶다."

내가 만난 모든 자영업 사장님들의 공통된 고민이자, 질문이며, 대한민국 자영업자들의 소망이다. 대체 사업을 잘한다는 게 무슨 뜻일까? 이에 대해서는 '손님이 많다', '매출이 높다', '마진이 높다', '노동은 적게 하고 돈은 많이 번다' 등 수많은 답을 할 수 있다. 하지만 결국 사업을 잘한다는 것은 '돈을 많이 번다'라는 결론으로 귀결된다. 사업을 한다면 규모가 크든 작든 돈을 많이 버는 것을 최우선으로 여긴다.

그렇다면 돈을 많이 벌면 진짜 장사를 잘하는 것일까?

2001년 9월경, 내가 군대에 입대하기 일주일 전의 일이다. 나는 참담한 심정을 다스리고자 해운대 바닷가로 혼자 입대 여행을 다녀온 적이 있다. 마음을 달래려 해변가를 홀로 터벅터벅 걸으며 혼자 궁상을 떨고 있는데 유난히 처량해 보인 모습 탓일까. 아주머니 한 분이 다가와 내 팔뚝보다 더 큰 텀블러 뚜껑을 열며 본인이 집에서 타왔노라며 냉커피 한 잔(그 당시에는 아이스 아메리카노라는 것이 존재하지 않았다)을 권하며 말을 걸어왔다.

아주머니는 내게 아들이 군대에 입대한 이야기, 머리 짧은 청년을 보면 남 일 같지 않다는 이야기, 남자라면 누구나 다녀오는 것이니 잘 견딜 수 있을 것이라는 이야기 등 초면에 하기에는 다소 과한 응원의 메시지를 전해주었다. 한여름 해운대 백사장 한복판에서 괜히 뭉클해졌다.

나는 한국인의 '정'을 느끼게 해준 아주머니에게 감사한 마음으로 잘 마시지도 못하는 커피를 원샷하며 진심으로 감사의 인사를 전하려 했다. 하지만 그 찰나에

인생을 알게 해준 아주머니의 말을 잊을 수 없다.

"냉커피 한 잔, 2000원이에요."
"네?"
"냉커피 한 잔, 2000원"

실화다. 누가 봐도 해운대에 처음 와본 머리 짧고 어리숙하게 생긴 사내 녀석이 산전수전 다 겪은 부산 아지매가 쳐놓은 장사 거미줄에 걸린 것이다. 당시 커피의 쓴맛보다 사회의 쓴맛을 먼저 경험한 기억이 난다.

20여 년 전에는 한없이 억울했지만, 돌이켜 생각해보면 그 부산 아지매는 장사의 천재가 아닌가? 그분은 임대료 한 푼 내지 않고, 해운대를 활보하는 수많은 나 같은 어리바리한 사람을 전부 잠재고객으로 삼아 초고마진 상품을 판매했다. 게다가 원할 때만 일하는 말 그대로 워라벨에 최적화된 꿈의 사업을 하고 있던 셈이다.

그렇지 않은가? 누구나 꿈꾸는 꿈의 사업이다. 지금도 찾아보면 이런 종류의 사업들을 쉽게 발견할 수 있다. 지금은 많이 나아졌다고 하지만, 여전히 전국 유명 관광지에 가면 컵라면 하나에 1만 원씩 받는다. 개인소유도 아닌 바닷가, 계곡, 산 등지에 파라솔 하나만 펼쳐놓은 채 자릿세만 몇만 원씩 받아 장사하는 행태가 비일비재하다. 사기와 사업의 경계선을 오가는 이런 장사꾼이 아직도 대한민국에 얼마나 많은가?

자, 이쯤에서 다시 한번 질문을 한다. 높은 매출, 높은 마진, 짧은 노동시간이 충족되면 정말 장사를 잘하는 것일까?

나는 브랜드 만드는 일을 하면서 월 정기 세미나, 외부 강의, 개별 상담, 정부 지원 사업 등에 참여하고 있다. 그러면서 규모가 크든 작든 사업을 하는 분들을 한 달에 최소 100분 정도는 만나는 것 같다.

연 매출 50억은 쉽게 달성하는 지역의 맛집 사장님이나 프랜차이즈 본사 대표부터 일 매출 10만 원도 못하지만 폐업하지 못해 울며 겨자 먹기로 장사하는 사장님들까지 다양한 사람들을 만난다. 이분들과 이야기를 나누다 보며 깨달은 사실이 있다. 사업으로 돈을 많이 버는 것과 인생을 잘 사는 것은 별개라는 사실이다.

늘 손님이 미어터지고 월 매출 5억은 숨 쉬듯 당연한 사장님은 고급 외제 차를 타고 다니지만, 가족에게는 소홀한 경우가 많다. 돈을 벌기 위해, 가족을 부양하기 위해 장사에 모든 것을 쏟아붓지만 정작 본인은 지쳐서 술로 하루를 마무리하는 일도 비일비재하다. 이것이 과연 장사를 잘하는 것일까?

돈을 잘 버는 것이 장사를 잘하는 것이 아니라면 장사를 잘한다는 말의 진정한 의미는 무엇인지 생각해볼 필요가 있다.

대한민국에서 자영업은 개인의 자아실현이나 의지보다는 어쩔 수 없이 결정하게 되는 경제활동의 마지막 선택지인 경우가 대부분이다. 그리고 이렇게 자영업으로 몰리는 사람은 계속 늘어날 전망이다. 신규 대비 자영업자의 폐업률이 66%에 달하고, 전체 자영업자 중 80%가 적자운영을 하는 현실에는 이러한 이유가 크게 한몫을 담당하고 있을 것이다.

이 어려운 시기에 '잘하다'의 사전적 의미인 옳고 바르고 훌륭하게 장사를 해서 행복해지는 사람들이 늘어났으면 하는 바람이다. 이 책에서 앞으로 이야기할 내용이 그런 분위기를 만드는 자그마한 시작점이 되었으면 한다.

어쩔 수 없이 선택했다 해도 이미 장사의 길로 들어선 이상 앞으로 나아가야 한다. 음식을 맛있게 만들면 손님이 알아서 찾아오는 시대는 이미 막을 내렸다. 입에 풀칠하기 위한 울며 겨자 먹기식 사업이 아니라 엄연한 사업의 대표로서 장사를 '잘'하는 사장님들이 되길 바란다. 이 책을 내비게이션 삼아 즐겁게 사업하기를 진심으로 기대한다.

사업을 시작하기 전에
반드시 알아야 할 것

———•◦◦◦ ● ◦◦◦•———

아버지는 1949년 북쪽 함경도에서 태어나 1년 만에 6·25 전쟁으로 가족 전체가 남한으로 피난을 오셨다. 당신께서는 영화 국제시장을 보고 본인의 이야기라며 눈이 퉁퉁 부어 극장을 나오신 일도 있다. 또 내가 지금은 돌아가신 할머니의 북한 사투리를 도저히 이해하지 못할 때는 늘 아버지가 통역을 해주시곤 했다.

아버지와 친척분들은 김치 대신 가자미식해[3]를 즐겨

---

3 토막낸 가자미에 고춧가루, 무, 소금, 밥, 엿기름을 섞어 삭혀서 먹는 함경도 토속 음식

드시는 등 아직도 이북의 토속적인 것들이 삶 속에는 많이 남아있다. 함경남도 함흥이 아버지의 본가였기에 피난 온 가족 중 몇몇 분은 전쟁통에 살아남기 위해 그 유명한 함흥냉면과 가자미식해 장사를 해서 근근이 입에 풀칠하며 살아오셨다.

그 때문이었을까? 함흥냉면 조리법을 어깨너머로 배우신 어머니 덕에 "문진이 엄마가 해준 냉면이 정말 맛있어! 냉면집 하면 돈 많이 벌겠다."라는 이야기를 유년 시절에 꽤 많이 듣고 자랐다. 지금도 나는 냉면은 겨울에 먹는 게 제맛이라며 한겨울에도 패딩을 입고 냉면 맛집을 찾아다닌다. 그리고 냉면에 참기름 한 방울 떨어뜨리고 밥까지 말아 먹는 함흥냉면 신공을 발휘하고 있다.

가끔은 생각해본다. 만약 그 당시 주변의 이야기에 혹해서 우리 집이 냉면과 가자미식해 장사를 했다면 어떻게 되었을까? 잘되었을까? 십중팔구 망했으리라 본다. 개인마다 차이는 있겠지만 나는 이러한 여러 가지 주관적인 이유로 장사를 시작하는 사람들을 너무나 많이 접한다.

"어머니 음식 솜씨가 좋으니 장사를 해보자."

"고향의 토속 음식을 만들 수 있으니 장사를 해보자."

"학교 근처에 학생들이 많으니 토스트를 만들어 팔아
보자."

"주위에 사무실이 많으니 점심 백반집을 운영해
보자."

이 외에도 각자 자기만의 이유로 얼마나 제대로 준비
를 했는지와는 상관없이 사업을 시작한다. 실제 내가 상
담을 진행한 토스트 사업을 준비 중이던 30대 남성의 사
례를 보자.

집 인근에 초등학교와 중학교가 붙어있다. 등하굣
길에 아이들도 많이 다니고, 아파트 단지도 형성되어
있어 토스트 전문점을 하면 잘될 것 같다는 생각이
들었다. 인지도가 꽤 있는 토스트 프랜차이즈 회사
에 전화로 문의해보니 마침 근처에 매장이 없어서 오
픈하면 잘될 것 같다고 했다. 부모님도 자식이 집에
서 빈둥거리는 게 속이 터지셨는지 경제적으로 일부

지원해줄 테니 가게를 알아보라고 하시니 더욱더 열의가 넘쳤다.

마침 작은 평수에, 학교와 멀지 않고, 예산에 딱 맞는 매장이 매물로 나왔다. 토스트 전문점에 대해 알아보고, 타 지역에서 장사가 잘된다는 토스트 집들을 돌아다니며 직접 먹어보고 비교도 해봤다. 그랬더니 굳이 프랜차이즈가 아니라 스스로 창업해도 될 것 같다는 생각이 들었다.

유튜브에서 토스트 레시피를 찾아 직접 만들어봤다. 지인들을 초청해 맛 테스트를 해보니 유명 프랜차이즈 토스트보다 맛있다는 피드백을 받았다. 긍정적인 반응에 힘을 얻으니 토스트 전문점을 오픈해서 학생들이 줄을 서는 광경을 상상한다. 이러한 과정을 거쳐 토스트 전문점에 대해서 알아보니 토스트 전문점의 단점은 충분히 극복할 수 있는 사소한 것으로 여겨지기 시작했다.

그리고 어느 순간 나는 무조건 토스트 가게를 해야 한다, 토스트가 아니면 안 될 것 같다는 자기최면에 빠지게 되었다. 그래도 난 합리적인 사람이니까 내가

생각한 사업에 대한 정당성을 동의받고자 했다. 그래
서 소위 전문가라 불리는 사람들과 상담하고, 온·오
프라인 교육도 받았다. 그 과정에서 나는 긍정적인
피드백만을 받아들이고 창업을 했다. 그리고 얼마 지
나지 않아 땅을 치고 후회했다.

이해를 돕기 위해 토스트 전문점을 예로 들었지만, 실
제로 꽤 많은 분이 이런 식으로 창업을 진행한다. 카페
든, 고깃집이든, 김밥집이든, 술집이든 다 마찬가지다.
혹시 이런 창업 준비 과정을 겪고 있거나 이 모습에 문제
가 없어 보인다면 그거야말로 큰 문제다.

무엇이 문제일까? 다시 한번 토스트 가게를 들여다보
자. 30대 남성이 토스트 사업을 시작하고자 한 최초의
이유가 무엇이었는가? 바로 '집 인근에 초등학교와 중학
교가 붙어있다'라는 생각이 시작이었다. 학생들이 많이
있으니 토스트를 팔자라는 의도였다. 하지만 학생들을
주 고객으로 삼았음에도 정작 창업 준비 과정 중에는 학
생을 위한 어떠한 것도 하지 않았다. 사업의 중심은 '토
스트' 자체에 있고, '나'에게 있고, 나에게 좋은 피드백을

준 '지인들'에게 있다. 정작 나에게 돈을 지불할 잠재 고객, 즉 **'학생들'은 보이지 않는다.**

내가 판매할 토스트가 학생들의 입맛에 맞을지 고민했는가? 학생들이 다른 분식점, 김밥집, 샌드위치 판매점, 햄버거 판매점 등을 뒤로하고 내가 만든 토스트를 기꺼이 구매할지 생각해봤는가? 더 나아가 학생들이 즐겁고 자발적으로 자신의 SNS에 토스트 사진을 올려 친구들에게 공유할 만큼 매력적인지, 학교 인근에 토스트보다 더 가성비가 좋거나 학생들이 좋아하는 다른 아이템이 있는지 등의 시장조사는 전혀 이루어지지 않았다.

내가 만든 토스트가 제일 맛있고, 다들 잘될 것이라고 하니 나도 자신 있다는 주관적인 자기최면이 사업의 핵심이 되어버린 것이다. 이렇듯 창업을 시작할 때 자신을 중심으로 혹은 좋아 보이는 아이템으로 정하는 것이 초보 사업가들 대부분이 하는 실수이다.

그렇다면 사업을 어떤 식으로 바라봐야 할까? 사람들이 그렇게나 많이 이야기하는 고객 중심이란 정확히 무엇이고, 사업자는 고객 중심에 어떻게 접근해야 할까?

경제학과 경영학의 관점에서 보면, '사업'이란 잠재고객의 고충이나 문제에 대한 차별화된 잠재적 솔루션이라고 정의한다. 쉽게 이야기해서 사업을 한다는 것은 내가 고객으로 삼으려는 사람들의 문제나 고충을 차별화되게 '돈을 받고' 해결해주는 것이다(토스트 가게의 경우, '학생들이 등하굣길에 학교 인근에서 저렴하게 사 먹을 만한 간식이 없으니 이를 해결해주자'가 될 수 있다).

이런 관점에서 접근하면 다음과 같은 등하굣길 간식에 대한 학생들의 고충이나 문제 파악과 차별화 전략이 반드시 선행되어야 한다.

- 학생들이 정말 토스트를 좋아하는가?
- 학생들이 기꺼이 얼마 안 되는 용돈을 쪼개서 사 먹을 용의가 있는가?
- 등하굣길에 학생들에게 인기 있는 다른 간식집이 있는가?
- 그 간식집은 왜 학생들이 줄을 서는가?
- 학생들이 부담 없이 지출할 수 있는 1회 비용은 대략 얼마인가?

• 수많은 토스트 전문점과 다르게 어떻게 차별화를 줄 것인가?

토스트가 맛있고, 맛없고는 이 다음에 고려할 사항이다. 토스트 전문점이 아닌 어떠한 사업을 하더라도 마찬가지이다. 내 아이디어가 단순히 자기만족을 위한 것인지, 진정으로 경쟁력 있는 아이템인지, 실현이 가능한지, 실현이 가능하다면 어떻게 차별화를 줄지에 대해 최대한 준비하고 검증한 후에 시작해야 한다. 아이디어만으로는 결코 사업에서 성공할 수 없다.

또 다른 예를 들어보자. 나는 서울 시내에서 이동할 때 주로 지하철을 이용하는데 자리가 없어 서서 기다릴 때는 자리가 없어도 몸을 기댈 수 있는 지하철용 휴대용 의자가 있으면 좋겠다는 생각을 종종 했다. 하지만 누구나 할 수 있는 잡생각이라 생각하고 잊고 있었다. 그런데 우연히 온라인에서 지하철용 '서서 쉬는 의자'라는 상품들이 출시되어 판매되고 있는 것을 목격했다.

지하철용 '서서 쉬는 의자'

"아 나도 저거 생각했었는데." 하지만 이미 상품은 출시되었다. 아이디어가 기발하다고 생각했지만 비단 나만 그렇게 생각한 것은 아닐 것이다. 이처럼 많은 사람이 스스로 의식하지 못한 채 여러 가지 사업 아이디어를 가지고 있다. 앞서 언급했듯이 '~가 불편한데', '~했으면 좋겠다'가 사업 아이디어의 시작이다.

그렇게 생각하는 사람 중 실행력이 뛰어난 사람이 '아이디어'로 빠르게 사업을 시작한다. 사업에 관한 많은 책과 강의, 영상 등에서도 '실행하지 않으면 아무것도 변하지 않는다'라고 한다. 나도 이 말에 100% 동의한다. 하지만 어떠한 아이디어가 잠재고객의 고충을 해소한다고 해도 잠재고객에 대한 충분한 고민과 준비 없이 사업을 시작한다면 결국 성공적으로 사업을 안착시킬 수 없다.

다시 서서 쉬는 의자 이야기로 돌아가보자. 이 의자는 여러 온라인 사이트에서 판매되고 있지만, 구매 리뷰나 블로그, 인스타그램 같은 플랫폼에서 후기는 거의 찾아볼 수 없다. 온라인상에서만 판매되는 상품인데 온라인 리뷰를 찾아볼 수 없다는 것은 거의 판매가 되지 않고 있다는 이야기다.

그 이유를 알기 위해 좀 더 깊게 조사해봤다. 서서 쉬는 의자는 해외에서 판매되고 있는 상품을 국내에서 구매대행을 하거나 상품 소싱을 통해 판매하는 실정이다. 그런데 해외에서는 그럭저럭 판매되는 의자가 국내에서는 거의 판매되지 않는 것이다.

이처럼 아무리 잠재고객들이 필요로 하고, 없으면 불편함을 느낄지라도 그 상품을 어떤 사람들이 가장 필요로 하는지, 왜 필요로 하는지에 대해 심사숙고해야 한다. 또 만약 고객이 필요로 하는데 그것을 어떻게 차별화해서 판매할지에 대한 고민이 부족하면 결국 판매로 연결되지 않는다. 서서 쉬는 의자도, 학교 앞 토스트 가게도, 함흥에서 온 함흥냉면도 마찬가지다.

그렇다면 서서 쉬는 의자가 해외에서는 판매되는 반면 우리나라에서는 판매가 되지 않는 이유는 무엇일까? 비싼 가격이나 마케팅 부족 등의 이유를 생각할 수 있지만 더 큰 이유는 다른 데 있다. 그것은 우리나라의 잠재고객들이 유난히 타인의 시선을 의식한다는 점이다.

사람이 많은 지하철 안이라면 두말할 것도 없다. 안 그래도 악명 높은 서울 지옥철에서 보호대를 허벅지에 두르고 투박하기 짝이 없는 디자인의 의자에 앉아 있는 것은 스스로 동물원 원숭이가 되길 자처하는 것과 다를 바 없다.

또 다른 이유를 꼽자면 잘못된 타깃 선정이다. 서서

쉬는 의자가 필요한 고객은 아마도 지하철에서 꼭 앉아 가야만 하는 노약자나 짐이 많은 사람일 확률이 높다. 혹은 빈 의자에 가방을 던져서라도 자리를 확보하려는 사람도 있을 것이다. 그렇다면 이 의자가 과연 잠재고객의 니즈에 맞을까를 우선 고민해야 한다.

서서 쉬는 의자의 잠재고객이라 할 수 있는 어르신들에 대해 생각해보자. 어르신들은 젊은 사람에 비해 균형 감각이 다소 떨어진다. 따라서 의자는 좀 더 안정적이고 편안한 구조로 바뀌어야 할 것이다. 또 잠재고객이 더 좋아할 만한 디자인으로 바꾸는 것도 중요하다. 무게도 당연히 더 가벼워져야 하고, 휴대하기에 귀찮지 않아야 한다. 무엇보다 마케팅을 잠재고객들에게 맞춰 실행해야 판매가 이루어질 수 있을 것이다(타깃 고객을 고려한다면 온라인보다 오히려 지하철 내에서 판매하는 것이 더 수월할 수 있다).

사업을 시작하기 전에 반드시 잠재고객의 불편함과 니즈를 충분히 파악하고, 검증하고, 준비하고, 업그레이드해야 한다. 하지만 현실은 '냉면이 맛있으니 냉면을 팔아보자', '중고등학교가 있으니 토스트를 팔아보자'처럼 충분히 준비하지 않은 채 사업을 시작한다.

대부분은 판매할 상품을 정한 다음, 점포부터 임대하고 설비와 시설같이 돈이 많이 들어가는 일부터 준비한다. 고객과 마케팅에 대한 고민은 그 뒤에 한다. 그리고 막상 사업을 시작하고 기대만큼 매출이 발생하지 않으면 현타가 오면서 각종 핑계를 대기 시작한다.

"경기가 안 좋아서 장사가 잘 안돼."

틀린 말은 아니다. 다만 경기가 좋아서 장사가 잘되는 시대는 다시는 오지 않을 것이다. 우리는 지금 좋든 싫든 모든 것이 오픈되어 있고, 손가락 몇 번 움직이면 원하는 정보를 쉽게 찾을 수 있는 시대에 살고 있다. 그러니 내가 팔고자 하는 상품을 잠재고객에게 과할 정도로 맞추고, 충분히 준비한 다음에 사업을 시작하지 않으면 백전백패다. 경기가 좋아도 망하는 곳은 망하고, 아무리 불황이어도 잘되는 곳은 늘 존재한다.

과연 내가 시작하려는 사업은 내가 아닌 잠재고객 중심인가를 과하게 고민하고 준비해야 한다. 이미 사업을 시작한 상태라면? 이제라도 바꾸고 제대로 정비해서 뛰어야 한다. 다시 한번 강조하지만, 경기가 좋아서 장사가 잘되는 시대는 이제 다시 오지 않는다. 내 상품이 고객에게 매력적으로 느껴지면 경기와 상관없이 사업은 잘 돌아간다. '고객 중심', 이것이 사업 성공의 핵심 키다.

목적 없는 사업은 사업이 아니다

—•◦◦◦ ● ◦◦◦•—

전 세계적으로 1년에 약 4000여 개의 마라톤대회가 열린다. 그리고 100만 명이 넘는 사람들이 마라톤대회에 참가하는데, 그중 약 절반인 50만 명은 마라톤대회에 처음 참가하는 사람들이라고 한다.

갑자기 왜 마라톤 이야기냐고? 마라톤이 대한민국 창업 시장과 비슷한 점이 많기 때문이다. 매년 100만 명의 마라톤 참가자 중 50%가 처음 참가하는 사람들이라는 것은 마라톤대회에 참가했던 나머지 50만 명은 다시는 마라톤대회에 참가하지 않는다는 뜻이다.

대한민국 창업시장도 마찬가지다. 해마다 많은 이들이 창업하지만 1년이 지났을 때 사업을 유지하고 있는 경우나 실패한 사업을 교훈 삼아 다시 사업에 도전하는 경우는 50%가 채 되지 않는다. 마라톤은 실패하면 다시 훈련하고 연습해서 재도전할 수 있지만, 사업은 그렇게 하기가 현실적으로 더 어렵기 때문이다.

다시 마라톤 이야기를 하면, 100만 명의 마라톤 참가자 중 42.195㎞의 마라톤 풀코스를 완주하는 비율은 전체 참가자의 5~7%밖에 되지 않는다. 그만큼 체력적, 정신적으로 준비가 되지 않은 참가자들은 완주하기 어렵다는 뜻이다.

사업도 마찬가지이다. 많은 사람이 사업이라는 경주에 참가한다. 하지만 준비를 하지 않은 사람이 대다수이다. 수천만 원에서 수억 원의 지출이 발생하고, 생계를 유지할 목적으로 창업한다고 말하지만 대부분은 완주할 준비가 전혀 안 되어있다. 어쩌면 완주를 하지 못하는 게 당연하다. 사기꾼들이 꼬이기 딱 좋은 상황이기 때문이다.

그렇다면 자기 사업에서 완주하는 방법은 무엇일까? 이런 질문을 받을 때마다 나는 역으로 질문한다.

"사업을 하는 목적이 무엇입니까?"

이 질문을 받으면 대부분 당연하다는 듯이 교과서에 나온 답을 제시한다. 목적은 '이윤추구', 즉 돈을 벌기 위해 사업을 한다는 것이다. 정답이다. 사업을 하면서 돈을 벌지 못한다면 그것은 사업이라고 할 수 없다.

그렇다고 돈을 버는 것만의 유일한 사업의 목적일까? 돈을 버는 것 이외에 사업을 하는 분명한 목적을 정하는 것이 사업을 완주할 수 있는 가장 확실한 방법이다. 돈을 버는 것 이외에 사업을 하는 목적은 무엇이 있을지 살펴보자.

몇 년 전에 세 살이던 첫째 딸이 다니는 어린이집에서 체육대회가 열렸었다. 나는 딸아이와 놀아주려는 요량으로 대회에 참석했다가 러닝화를 신었다는 이유만으로 아빠 대표가 되어 계주에 참여하게 됐다.

마음 같아서는 다른 아빠들을 다 제치고 당당히 1등을 해서 딸아이를 한 손으로 안아 올리고 승자의 포즈를 취하는 자랑스러운 아빠가 되고 싶었다. 하지만 현실에서는 결승점을 10m 앞두고 다리가 풀려 그만 앞으로 고꾸

라지고 말았다. 어느덧 초등학교 1학년이 된 딸아이가 종종 그때 이야기를 하면 아직도 얼굴이 화끈거린다. 아마 동년배의 아빠들이라면 별반 다르지 않을 것이다.

만약 그 당시의 내가 마라톤에 참가하고자 했다면 제일 먼저 해야 하는 일은 무엇일까? 당장 매일 아침 5시에 일어나 러닝화 끈을 조여 매고 새벽 조깅을 하는 것을 시작으로 체력 향상을 위해 지속적인 운동을 해야 할까? 마라톤을 할 수 있는 체력을 올리는 것이 최우선 과제일까? 아닐 것이다. 물론 마라톤이든 100m 달리기든 축구경기든 체력 훈련은 필수이다. 하지만 마라톤대회에 참가하기 위해서 가장 먼저 해야 할 일은 체력 훈련이 아니라 마라톤을 하는 목적을 찾는 것이다.

마라톤에 참가하려는 이유는 무엇인지, 마라톤을 참가해서 내가 얻고자 하는 게 무엇인지를 정확히 해야 한다. 단순 경험을 하기 위한 것인지, 내년 어린이집 체육대회에서의 자존심 회복을 위한 체력 단련인지, 인스타그램에 육체적 건재함(?)을 자랑하고 싶어서인지, 운동용품 사업을 홍보하기 위해서인지, 오랜 시간을 뛰는 것 자체에 희열을 느끼고 싶은 것인지, 대회에서 수상하고 싶은 것인지 등 참가의 진짜 목적을 정해야 한다.

사업이든 마라톤이든 시작하기 전에 목적을 먼저 정하는 이유는 목적이 정해지면 나의 현재 상황을 객관적으로 보고 목표치를 설정할 수 있기 때문이다. 내 상황을 객관적으로 파악하게 되면 현재 내가 얼마나 오랫동안 뛸 수 있는지, 하루에 훈련 시간을 얼마나 쓸 수 있는지, 혼자 준비할 것인지, 조력자가 필요한지 등과 같은 구체적인 계획을 짜서 준비할 수 있다.

마지막으로 어떤 코스의 마라톤이 나에게 맞는지를 알고 그 코스에 맞춰서 준비하고 출전해야 한다. 마라톤에는 쿼터 마라톤, 하프 마라톤, 풀코스 마라톤, 10㎞ 마라톤, 5㎞ 마라톤 그리고 몸이 불편하신 분들을 위한 휠체어 마라톤이 있다.

만약 참가 목적이 마라톤의 분위기를 알기 위해서라면 5㎞ 마라톤에 참가해도 충분하다. 인스타그램에 올릴 사진이 필요한 것이라면 비싼 러닝화를 사고, 피부 관리를 잘 받아서 사진만 잘 찍으면 된다. 혹은 내년에 있을 풀코스 마라톤대회 참가를 위한 리허설이 필요한 것이라면 하프 마라톤 대회에 참가해보는 것이 좋을 수 있다.

무턱대고 운동화 끈부터 동여매고 새벽에 운동장을 뛸 것이 아니라 내 목적에 맞는 코스를 결정하고 나서 운동화를 신고 조깅을 시작해야 한다. 얼마나 많은 사람이 목적과 계획 없이 무턱대고 상가부터 계약하고 사업을 시작하는지 알면 놀랄 것이다. 사업도 마라톤도 프로세스는 동일하다.

먼저 사업을 하는 진짜 목적을 찾아야 한다. 3년 이내에 연 매출이 100억대인 기업을 세우고 싶은 것인지, 처자식 입에 풀칠하는 것이 목적인지, 철없는 자녀가 스스로 앞가림할 정도의 자녀 독립용 사업이 필요한 것인지, 오토 매장으로 돌려서 추가 수익을 올리고 싶은 것인지, 돈이 안 남아도 좋으니 사람들이 바글바글한 안테나 매장을 만들고 싶은 것인지 등을 따져봐야 한다. 그런 다음 현재 자신이 보유한 자금과 노동에 직접 할애할 수 있는 시간과 여력을 객관적으로 확인한 후, 하고자 하는 사업을 준비해야 한다.

간혹 '목표는 무조건 크게 잡아라'라는 이상적인 말이나 '시작은 미약하지만 끝은 창대하게'라는 슬로건을 따라 제대로 준비하지도 않은 채 목표만 높게 잡아 사업을 시작하는 경우가 있다. 이런 경우에는 5㎞도 못 가서 다리가 풀려 주저앉을 수밖에 없다.

어느 가게가 잘된다더라, 저 아이템이 괜찮다더라, 누군가가 추천해주는 아이템이 좋아 보여서, 저 아이템은 대박 느낌이 든다 등과 같은 카더라 식으로 계획 없는 사업을 시작하는 것은 계단만 올라가도 숨이 턱 차는데 20만 원이 넘는 마라톤 러닝화부터 사는 것과 다르지 않다. 그러므로 사업을 하는 이유와 목표를 먼저 찾은 후 사업을 시작해야 한다.

사업을 하는 이유와 목표가 정해졌다면 다음 스텝은 지구력, 즉 끈기이다. 42.195㎞ 풀코스 마라톤을 뛰는 사람들은 평균 7㎞ 지점까지는 의욕적으로 뛴다고 한다. 그렇지만 이후에는 참가자 중 7% 내외의 선수들을 제외하고는 대부분 경주를 포기한다. 뛰든지, 걷든지, 네발로 기든지, 2시간대에 들어오든, 5시간대에 들어오든, 밤을 새워 다음 날에 들어오든 결국엔 버티는 사람만이 결승선을 통과할 수 있다.

처음 사업을 시작했을 때는 누구나 열의가 넘친다. 고객들에게도 최대한 예의를 갖추고 상품이 무엇이든 열과

성의를 다하여 준비하고, 만들고, 판매한다. 그러나 3개월, 6개월이 지나가면 초심을 잃어버린다. 지친다. 나만 그런 것이 아니다. 당신만 그런 것이 아니다.

누구나 포기하고 싶을 때가 온다. 마라토너도 그렇고, 동네 맛집 사장님도 그렇고, 유망한 스타트업이나 대기업 대표도 마찬가지다. 하지만 마지막까지 버티는 사람이 살아남는다. 그것이 사업이고 마라톤이다.

음식점은 개업 후 3년 후부터가 진짜 장사라고 한다. 버티고 버텨 3년간은 사업의 굴곡을 경험해야 장사 근육이 단단해져 내공도, 단골도 생긴다는 말이다.

내가 26살 때쯤인 것 같다. 호주에 있는 대학에 입학하기 위해 늦깎이 영어 공부를 할 때의 일이다. 일을 마치고 매일 새벽에 4시간씩 1년간 영어 공부를 하고 우여곡절 끝에 입학했다. 그런데도 학교에 다니면서 들리지 않는 영어 때문에 소위 개고생을 했다.

그런데 신기하게도 어느 날부터 영어가 매일 조금씩 잘 들리기 시작했다. 안 들린다고 영어를 포기하고 싶은 생각도 했었는데, 나도 모르는 사이에 공부한 것들이 하나하나 축적되고 있던 것이다. 성과를 위한 노력의 시간이 지나고 비로소 성과의 시간, 즉 '티핑포인트 tipping point[4]'가 찾아온 것이다. 다음의 그래프를 보면 쉽게 이해할 수 있을 것이다.

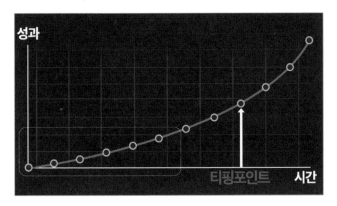

모든 일이 진행되는 방식

사는 동안 누구에게나 슬럼프는 오고, 포기하고 싶을 때가 온다. 하지만 사업을 한다면 버틸 각오를 해야 한다. 버티면서 열심히 달리다 보면 반드시 성장하는 시기가 온다. 42.195㎞ 마라톤대회에서 42.190㎞는 완주가 아니다. 버티는 것이다.

여기서 반드시 명심해야 할 것이 있다. 버티기의 의미를 제대로 이해하고 버텨야 한다. 앞으로 나아가지 않는

4 인기가 없던 제품이 갑자기 폭발적인 인기를 끌게 되는 시점이나 계기

즉, 발전 없는 버티기는 아무런 의미가 없다. 하루 12시간씩 매장에 있어도 발전이 없는 버티기만 하는 경우를 너무나 많이 봤다.

매장 계산대 근처에는 대리운전 광고지들이 널브러져 있고, 포스기에는 먼지가 쌓여있고, 손님이 없어서 소파에 반쯤 누워서 TV를 보며, 주방은 더러운데 귀찮다고 청소하지 않으면 3년이 아니라 30년을 버텨도 계속 그 자리일 것이다. 내가 상담을 하다 보면 자주 듣는 말이 있다.

"내가 이 바닥 경력만 30년이야."

난 이런 종류의 말을 별로 좋아하지도 않고 믿지도 않는다. 진짜 30년 경력과 1년짜리 경력을 30번 반복하는 것은 하늘과 땅 차이다. 그런 식으로 생각하면 내가 손흥민보다 축구 경력이 더 길다.

매일 0.1%씩만 성장해도 3년이면 100%가 될 수 있다. 버티는 것의 핵심은 시간 보내기가 아니라 발전하며 버티기이다. 뛰지 않는 마라톤은 버티기가 아니라 포기다. 나 자신이 버티기를 하고 있는지 시간만 때우는 것인지 객관적으로 들여다보아야 한다. 결국, 발전하며 버티는 사람이 경주에서 이긴다.

48

쓸데없는 노력의 결과

──────•◦◦◦ ● ◦◦◦•──────

    대한민국의 법정근로시간은 하루 8시간, 주 5일 기준 총 40시간이다. 고용주와 고용인 간 합의를 하면 주 52시간까지 가능하다고 하지만 이는 자영업자에게는 먼 나라 이야기이다. 실제로 약 600만 명에 달하는 우리나라 자영업자는 업무 특성상 근로기준법의 근로시간을 적용받지 않는다. 말 그대로 사장이 하고 싶은 만큼 일을 한다.

    자영업자들의 평균 근로시간은 측정이 불가능할 정도로 각각의 상황에 따라 다 다르며, 최소 하루 10시간에서 16시간까지도 일하는 경우가 많다. 이 중 42.9%는 정기 휴무조차 없이 일을 하고 있다.

근무시간을 최소로 계산해도 하루 10시간, 주 6일 사업 유지를 위해 노동을 하다 보니 발전을 위한 노력을 할 에너지조차 남지 않게 된다. 일부 부지런한 사장님들은 잠을 줄여가며 각종 교육과 강의를 듣고, 신상품 개발과 마케팅 등을 공부하며 발전을 위해 노력한다. 하지만 체감할 수 있는 변화가 거의 없다 보니 매일 0.1%의 발전이라는 말이 현실성이 없게 느껴지기도 할 것이다.

내가 만났던 사장님들도 대부분 비슷하다. 잠을 쪼개가며 강의를 듣고, 벤치마킹을 하고, 소위 매출이 오르는 방법이라고 하는 다양한 것들을 시도해 보는데 매출은 제자리라고 하소연을 한다.

한번은 경기도 평택에 있는 삼겹살 전문점에 상담하러 다녀온 적이 있다. 그곳의 사장님은 아침 9시에 출근해서 세 가지 나물을 삶아서 무치고, 겉절이김치를 담그고, 전을 부치는 등 매일 10가지 반찬을 만든다. 된장, 마늘, 멸치 가루를 섞어 쌈장을 직접 만들고, 메밀냉면의 면도 직접 반죽한다.

아침 9시부터 밤 12시까지 하루에 15시간, 주 6일을 매장에서 일한다. 일주일에 하루뿐인 단비 같은 쉬는 날에는 전국에서 맛집이라고 불리는 곳들을 찾아다닌다. 새로운 메뉴를 도입하기 위해 맛을 보고 테스트를 하는 등 매장의 발전을 위해 자신의 모든 것을 쏟아붓는다. 하지만 사업은 정체 중이었다.

상담 당시 내가 사장님에게 '발전'을 위한 버티기를 해야 한다고 조언했을 때, 사장님이 끊임없이 노력하고 있다고 나에게 알려준 일주일의 일과이다. 이보다 어떻게 더 노력할 수 있을까? 잠을 줄여가며, 개인의 삶을 포기하며, 이런 식으로 노력하는 곳이 어디 이곳뿐일까? 이러한 노력이 의미는 있는 것인지 불안함이 생기는 것도 어찌 보면 당연하다.

TV나 각종 매체에 소개되는 유명 셰프도 레스토랑을 오픈하고 하루 10시간 넘게 일하지만 결국 문을 닫는 경우도 부지기수다. 외식업이 아니더라도 각 분야에서 경력이 화려한 전문가들이 각 분야와 관련된 사업을 하지만 역시 소리 소문 없이 사라지는 경우가 많다.

이러한 경우들이 과연 발전을 위한 노력이 충분치 않아서 실패하는 것일까? 하루 24시간이 모자랄 정도도 성장하려고 말 그대로 용을 쓰는데도 방법이 없다는 하소연이 이해가 된다. 하지만 한번 반문해보자. 과연 '올바른 방향으로의 노력'을 하고 있는 것일까?

세계적인 마케팅 관련 베스트셀러인 앨런 딥의 《1페이지 마케팅 플랜》에 이런 내용이 나온다.

'하는 일이 기술적으로 능숙하다고 해서 당신이 그 사업에 능숙한 건 아니다. 사업이 망하는 이유는 기술이 부족해서가 아니라 사업 능력이 부족해서이다.'

개인적으로 가장 좋아하는 문장 중 하나이다. 이 말이 주는 의미를 잘 생각해보자. 어제보다 더 나은 사업으로 발전하기 위해 얼마만큼의 근로시간이 투입되었는지는 전혀 중요하지 않다. 또 특정 사업에 필요한 기술(이를테면 냉면 장인의 냉면 뽑는 기술이나 삼겹살 전문점 사장님이 매일 10가지 반찬을 만드는 것)이 능숙한 것이 사업이 성공하는 데 절대적인 조건이 아니라는 것이다.

앨런 딥의 말처럼 매일 0.1%의 발전을 하려면 기술적인 부분에 노력의 방향을 두는 것이 아니라 '사업 능력' 향상을 위해 노력해야 한다. 물론 사업을 하려면 특정 기술이 필요한 경우도 있고, 정도에 차이는 있겠지만 필요한 기술의 숙련도가 높은 경우도 있다.

하지만 이제는 개인 사업 영역에서 대부분의 숙련된 기술은 예전에 그랬던 것처럼 사업에서 앞서기 위한 경쟁력이 아니라 사업을 시작하기 위한 기본조건이 되었다. 쉽게 이야기하면 삼겹살 전문점에 삼겹살이 맛있고, 직접 만든 반찬이 10가지나 된다고 장사가 잘되는 것이 아니라는 뜻이다. 유명한 셰프가 요리를 잘하는 것이 사업의 성공 요인은 아니다. 그것은 이제 사업을 하기 위한 기본조건이 되었다.

현대사회에서, 특히 코로나 이후에는 모든 분야에서 경쟁이 극도로 치열해졌다. 자영업 시장에서 요구되는 것은 특정 분야의 장인이 되려는 노력이 아니다. 고객의 지갑에서 돈을 꺼낼 수 있는 '사업 능력을 발전시키기 위한 올바른 방향 설정과 노력'이다.

나는 이러한 올바른 방향 설정이 동반된 제대로 된 발전을 위한 노력을 '리브랜딩rebranding'이라고 정의한다.

Chapter

브랜드는
디자인이나 홍보로
만들어지는 것이
아니다

브랜딩이라는 게 대체 뭔데?

———·ₒₒₒ ● ₒₒₒ·———

리브랜딩(다시 브랜딩하는 것)이 무엇인지를 알기 위해서
는 우선 브랜딩의 개념을 알아볼 필요가 있다.

기원전 700년경, 고대 로마시대에는 개인과 국가에
가장 중요한 자산이 하나 있었다. 사람들은 이 자산
으로 농사를 짓고, 종교의식을 치르고, 다양한 상품과
물자를 운송하고, 때로는 이 자산이 식량이 되기도
했다. 또 이 자산은 당연히 값비싼 가격에 거래되고,
다른 나라와 교역하는 주요 상품이었다. 대부분 눈치

를 챘을 것이다. 이 자산은 바로 소^{cow}이다.

소는 워낙 중요한 자산이다 보니 주인은 늘 노심초사다.

"누가 훔쳐가면 어쩌지?"

"다른 농장 소랑 바뀌면 어쩌지?"

이에 소의 주인들은 소를 식별하고 소유권을 주장하기 위해 소의 피부에 불에 뜨겁게 달군 인두로 각 농장의 마크를 낙인찍기 시작했다.

"A 낙인이 찍힌 A 농장의 소가 다른 농장의 소보다 마블링이 좋고 살이 많네."

"역시 소고기는 A 농장 소고기가 최고야!"

사람들이 이렇게 인지하기 시작하자 A 농장의 소가 타 농장의 소보다 비싸게 거래되었다. 이것이 바로 오늘날 의류, 통신, 금융, 외식 등 모든 사업의 브랜드에서 볼 수 있는 '상표^{trademark}'의 시초가 된 것이다.

브랜딩의 정의이자 핵심은 '내가 남들보다 뛰어난 것(마블링)을 표현(낙인)하는 것'이다. 자영업에서도 마찬가지다. 남들보다 뛰어난 것을 만들어 표현(마케팅)하는 것.

여기서 브랜딩이라는 개념이 생겨난 것이다.

고대 로마시대부터 수천 년이 지난 지금까지 로마가 멸망하고 수많은 제국이 탄생했다가 사라졌다. 이처럼 브랜드 또한 태어났다가 소멸하고, 변화하고, 발전해왔다. 현대인들은 과거와는 비교할 수 없을 만큼 많은 브랜드 속에 둘러싸여 살고 있다. A 농장의 소가 최고의 품질을 지니고 있다고 자랑할 수 있는 시대는 지나가 버렸다.

2024년 기준, 우리나라의 자영업자 수는 약 600만 명이다. 경제활동이 가능한 인구 대비 20%가 넘는다. 즉, 돈 버는 사람 5명 중 1명은 창업을 한다는 뜻이다. 또 전체 창업자의 65% 이상은 외식업 창업자가 차지하고 있다. 이는 인구 77명당 1명이라는 기형적인 포화 상태이다. 아무리 좋은 것도 공급이 많아지면 가치는 떨어지기 마련이다. 다이아몬드는 희소하기 때문에 가치가 높은 것이다. 만약 다이아몬드가 길가에 돌처럼 흔하다면 그것은 반짝이는 돌덩어리에 불과하다.

불과 20~30년 전만 해도 소위 브랜드 상품은 그게

무엇이든 상품의 질이 브랜드가 없는 상품에 비해 더 뛰어나다는 분명한 차이가 있었다. 아직도 나의 부모님은 옷, 가전제품, 생필품 등 상품의 '메이커' 여부를 따진다. '메이커 = 품질보증' 공식이 부모님 세대에는 아직 유효하다. 이처럼 과거에는 좋은 브랜드란 상품의 질quality에 따라서 그 인지도가 결정되었다.

하지만 시대가 바뀌었다. 더는 상품의 퀄리티가 브랜드의 인지도를 결정하지 않는다. 과거에는 TV 하면 삼성, LG가 전부였다. 하지만 이제는 이노스, 더함, 이스트라, 유맥스, 샤오미 등 퀄리티에서 차이가 거의 없는 고성능 저가 브랜드들이 넘쳐난다.

맛집은 어떨까? 1990년대 초반 국민학교 시절(그렇다. 난 국민학교 세대다)에 우리 집은 서울 왕십리에 있었다. 우리 집에서 아버지가 퇴근하고 오시던 버스 정류장까지 약 1.5㎞ 거리에 '제대로 된(맛있고, 친절하고, 위생적인)' 치킨집은 '모아치킨' 한 곳이었다.

당시 왕십리 사람들의 치킨은 모아치킨 하나뿐이었다. 하지만 2024년 4월 기준, 왕십리의 1.5㎞ 그 거리에는 '제대로 된' 치킨집이 여섯 곳으로 늘어났다. 여섯 곳의 치킨 모두 맛있고, 친절하고, 위생적이고, 심지어 각종 쿠폰까지 제공한다.

이제 거의 모든 분야에서 상품의 퀄리티는 상향 평준화가 이루어졌다. 상품이 퀄리티를 갖추게 되면 사업이 잘되는 것이 아니라 퀄리티를 갖추지 않으면 사업을 시작할 수조차 없어진 것이다. 치킨이든 옷이든 스마트폰이든 뭐든지 상품의 퀄리티가 전체적으로 높아진 것이다. 그러다 보니 다른 브랜드와 차별화될 '나만의 A 농장 소고기'를 만드는 것이 날이 갈수록 어려워지고 있다.

상황이 이렇다 보니 차별화의 본질에 집중하기보다 디자인, 로고, BI, CI, 마케팅에 천문학적인 금액을 쏟아붓는 것으로 브랜딩의 방향이 변질되고 있다. 그렇게 되면 자금력이 큰 회사들이 인지도를 가지게 되어 작은 규모의 사업들과의 격차는 계속 벌어질 수밖에 없다.

하지만 앞서 언급했듯이 브랜딩의 진정한 정의는 '사업 자체에 핵심 차별화를 만들어 사람들에게 표현'하는 것이다. 디자인으로 차별화를 주는 것은 상품을 표현하는 한 가지 방법일 뿐이다. 그러므로 브랜딩을 해주겠다고 디자인만 이야기하는 곳은 걸러야 한다. 진심이다.

'브랜딩'은 신사업, 신제품, 새로운 서비스에 국한되어 새로 사업을 시작하는 예비 창업자에게 맞춰져 있어서 빈 도화지에 차별화된 새로운 것을 만드는 일이라 할 수 있다. 이와 달리 '리브랜딩'은 이미 시작해서 운영되고 있는 사업에 낡은 것은 버리고 핵심을 강화하여 차별화를 두는 것, 즉 이미 그려져 있는 도화지를 수정하고 덧그려 차별화된 새로운 것을 창출하는 작업이라고 할 수 있다. 기존 사업에서 낡은 것은 과감하게 버리고 핵심을 강화하는 노력, 그것이 발전을 위한 노력인 '리브랜딩'이다.

남들과 달라지는 차별화의 비밀

———·◦◦◦ ● ◦◦◦·———

시중에 출간된 브랜딩과 관련된 책들 대부분이나 소위 브랜딩을 해준다는 컨설팅 업체, 브랜딩 회사들은 신규 창업에 초점이 맞춰져 있다. 사업을 시작하기 전에 충분히 준비하고 브랜딩을 공부하라고 조언한다. 또 광고, 디자인, 인테리어, 프랜차이즈 창업, 각종 컨설팅 등 관련 사업들의 관심 또한 예비 사업자들에게 집중되어 있다.

하지만 현재 사업을 하는 사업자들을 대상으로 한 책이나 업체들은 전무후무하거나 이론적인 이야기만을 나열하고 있다. 이유는 간단하다. 빈 도화지에 새로운 것을 그리는 것보다 도화지에 이미 그려진 그림을 수정하는 것이 훨씬 더 어렵다. 그보다 더 큰 이유도 있다. 돈이 안 되기 때문이다.

그렇지만 해야 한다. 이미 도화지에 그려진 그림을 수정하여 작품을 만들어야 한다. 어떻게 해야 할까? 가장 먼저 해야 할 일은 내가 가진 나만의 특징을 찾아내는 것이다. 그 특징으로 차별점을 만들어내야 한다. 돈이 많고, 직원도 많고, 인프라가 풍부한 기업들에만 특징이 있는 것이 아니다. 10년 넘게 조그마한 식당을 운영하는 동네의 사업자도 특징이 있고 차별화를 한다. 그것을 끄집어내야 한다.

개인 사업을 하는 외식업 사장님들을 만나 상담을 하면서 사업의 차별화가 무엇이냐고 물어보면 90% 이상이 비슷한 유형의 대답을 한다.

"국내산 좋은 재료를 사서 정성을 들여 요리한다."
"시골에서 어머니가 직접 농사지은 배추로 김치를 담가 손님에게 제공한다."
"30년 전통 방식으로 10시간 동안 사골을 우려 특제 소스에 버무린다.”

이런 이야기 들을 때마다 솔직히 속에서 불이 난다. 이런 것들은 절대 차별화가 아니다. 차별화는 나한테 돈을 지불하는 사람들이 느껴야 하는 것이다. 내가 차별화라고 믿고 싶은 것이 아니다. 이것은 모든 분야의 사업에서 마찬가지다.

다른 사업 분야에서는 차별화를 이렇게 이야기하지 않는다. 삼성이 갤럭시 광고를 이렇게 할까? '삼성 갤럭시 S24는 스냅드래곤 8 GEN 프로세서를 넣고, 일반과 플러스에는 엑시노스 2400 프로세서를 탑재하여 CPU 성능이 좋고, 이는 긱벤치 6값을 통해 보면 싱글, 멀티 모두 다른 갤럭시 시리즈에 비해 우수하다.' 절대 이렇게 광고하지 않는다.

'모아치킨 시대'에는 국내산 재료와 직접 농사지은 배추로 담근 김치, 30년 전통의 음식 등, 즉 상품의 품질이 브랜드의 인지도를 보장했다. 하지만 더는 그렇지 않다. 성능이 좋지 않은 스마트폰은 당연히 팔리지 않고 원단이 안 좋은 옷도 팔리지 않는다. 맛이 없고 퀄리티가 떨어지는 음식과 음료도 당연히 상품으로서의 가치가 없다. 그런데 아직도 많은 사업은 상품 자체의 품질에만 지나치게 의존하고 있다. 음식점이 '맛'에 집착하는 것과 같다.

돈을 받고 파는 음식이 맛있어야 하는 것은 당연하다. '맛이 있으면 손님이 알아서 찾아온다.'라는 말은 수십 년간 '진리'로 받아들여졌다. 하지만 이제 더는 진리가 아니다. 맛있어야 잘 팔리는 것이 아니라 맛있는 것은 팔기 위해 선행되어야 할 기본에 불과하다. 상품 본연의 기능(맛)은 차별화가 아니다.

아이폰보다 성능이 뛰어난 스마트폰이 어디 한두 개인가? 하지만 아이폰만큼 많이 팔리는 스마트폰은 갤럭시 시리즈 말고는 없다. 물론 간혹 뛰어난 맛 하나로 장사가 잘되는 집들도 있다. 하지만 과연 얼마나 될까? 차라리 로또 당첨을 기대하자.

이 책은 보편적인 사업에 관해 이야기하고 있다. 과연 음식을 압도적으로 맛있게 만들 수 있는 음식점이 얼마나 될까? 내가 만든 상품의 기능이 경쟁 상품보다 압도적으로 우수할 확률은 얼마나 될까? 그렇게 할 수 있는 능력이 있다면 이 책을 읽을 필요가 없다. 시간 낭비다.

조금 돌아왔지만, 특색이 없는 음식점도 차별화를 이끌어낼 수 있다. 기술이 아닌 발전의 방향을 조절하는 것에서부터 시작해야 한다. 올바른 방향으로 가기만 한다면 누구나 기존에 했던 노력의 양으로 성공할 수 있다.

지금부터 자영업자가 차별화를 이끌어낼 수 있는 네 가지 방법을 소개하겠다.

누구나 할 수 있는 퍼스널 브랜딩

———•◦◦◦ ● ◦◦◦•———

차별화를 위한 올바른 노력의 첫 번째 방향은 바로 **'사람 자체가 브랜드가 되는 것'**이다. 현대그룹 하면 무엇이 제일 먼저 떠오르나? 사람마다 차이는 있겠지만 나는 정주영이라는 창업주의 이름이 떠오른다.

집에서 키우던 소를 훔쳐서 달아나 사업 자금으로 썼던 일화부터 '해봤어?'로 요약되는 그의 이미지가 곧 현대의 이미지이다. 삼성 하면 이건희의 '마누라 빼고 다 바꿔'라는 혁신 이미지가 떠오른다. 넘볼 수 없는 대기업이라 감이 잡히지 않는다면 힘을 조금 빼보자.

지금은 좀 지난 이야기지만 서울 신당동 떡볶이 거리에 '마복림할머니 떡볶이집'이라고 있다. TV에 소개되어 유명해지기 시작했지만, 그 전부터도 마복림할머니의 떡볶이집는 신당동 떡볶이 골목의 터줏대감으로 존재했다.

사담이지만 90년대 신당동 떡볶이 골목에 있던 몇몇 떡볶이집은 소주를 물병에 넣어 교복을 입고 온 학생들에게 팔기도 하여 인근 학교 고등학생들에게 단골집이 되기도 했다. 또 옛 노래의 가사처럼 DJ가 신청곡을 받아 노래를 틀어주는 곳도 있어 신당동 떡볶이 골목은 볼거리와 먹을거리가 있는 데이트 명소였다. 하지만 동시에 자영업자들에게는 고객을 유치하기 위한 전쟁터였다.

예나 지금이나 고객 유치를 위해 항상 피 튀기는 신당동 격전지에서도 마복림할머니 떡볶이는 늘 1등이었다. 그렇다면 과연 마복림할머니 떡볶이가 다른 떡볶이보다 압도적으로 맛있었을까? 그렇지 않다.

90년대 신당동 죽돌이였던 나의 단골집은 '마복림할머니 떡볶이집'이 아닌 '우정'이라는 곳이었다. 마복림에는 딱 한 번 가봤는데 개인적으로 우정 떡볶이가 더 입맛에 맞았다. 더욱이 마복림할머니 떡볶이집에서는 유일하게 추가 단무지를 100원을 받고 팔았다. 최소 내 주위 지인 중 마복림할머니 떡볶이집이 단골인 사람은 없었다. 그런데도 항상 긴 대기 줄이 있던 기억이 난다. 이게 바로 개인이 브랜딩이 되는 것, 즉 퍼스널 브랜딩의 힘이다.

사업 초반이거나 규모가 크지 않는 사업이 한 단계 발전하기 위해서는 창업자 개인의 브랜드가 해당 브랜드의 거의 모든 것이라고 할 수 있다. 하지만 현실은 어떠한가? 전날의 과음으로 머리도 옷차림도 부스스한 상태로 매장에 출근하고, 손님에게 퉁명스럽게 응대하는 사업주들이 의외로 많다. 그러면서 '우리 가게는 맛있으니까 괜찮아.'라고 대수롭지 않게 여기는 경우도 많다.

폭행과 갑질로 뉴스에 나왔던 피자 브랜드 CEO, 여직원을 데리고 호텔로 들어가서 논란이 되었던 치킨 브랜드 회장님 외에도 대표의 잘못으로 브랜드이미지가 폭락한 사례는 거의 매년 나온다. 아무리 AI가 발전하고, 매장마다 서빙 로봇이 인간을 대체하고, 주문과 결제도 기계가 대신 해주는 세상이 되었어도 브랜드를 키우는 것도 브랜드를 나락으로 떨어뜨리는 것도 결국에는 사람이다.

그렇다면 퍼스널 브랜딩은 대기업 총수이거나 TV나

매스컴을 통해서만 할 수 있는 것일까? 수천만 원씩 돈을 내고 TV나 유튜브의 맛집 프로그램에 출연을 의뢰해야만 할까? 그렇지 않다. 미디어에 노출된 곳이 아닌 사람 하나로 브랜드가 성장한 경우를 살펴보자.

제주도에 가면 도민들도 잘 모르는 난산리蘭山里라는 곳이 있다. 성산일출봉에서 차를 타고 내륙 쪽으로 10분 정도 가야 하고 주변에 관광지가 없어서 찾아가는 사람이 거의 없는 이곳에 '난산리다방'이라는 브런치 카페가 있다.

이곳의 사장님은 음식을 잘하는 사람이 아니다. 그는 4년 동안 세계 일주를 하고 빈털터리가 되어 난산리로 와서 카페를 열었다. 헐값에 창고 하나를 얻어 본인이 직접 4개월간 공사를 해서 카페로 만든 것이다. 그리고 유튜브 영상을 참고하여 메뉴를 만들어 판매하기 시작했다.

당연히 처음에는 아무도 찾아오지 않았다. 하지만 가끔 오는 손님들을 위해 사진을 찍어주고, 손님 한 명 한 명과 인사를 나누었다. 또 자신이 무일푼으로 장사를 하게 된 스토리, 세계여행을 하며 찍은 사진들, 공사를 하는 모습 등을 영상으로 만들어 카페 화장실에 틀고 인스타그램과 유튜브에 소개했다.

　여기서 그치지 않고 제주도 도민으로서 농사를 짓고 공사하는 모습 등을 온라인에 지속적으로 공개했다. 또 작지만 게스트 하우스를 만들어 손님들을 유치해서 그들과 트래킹과 여행을 하고 그 모습을 다시 기록으로 남겼다. 현재는 여행과 모험을 좋아하는 단골들과 함께 아이슬란드 같은 쉽게 갈 수 없는 해외여행도 떠나는 등 매장보다 사장 본인의 브랜딩에 노력을 기울이고 있다. 그 결과 사업주에 대한 매력으로 난산리다방은 예약을 하지 않으면 방문하기 쉽지 않은 제주의 찐 맛집이 되었다. 기억해야 한다. 꼭 맛있어야 맛집이 아니다.

난산리다방 외관

난산리다방 메뉴

내 옷차림이, 말투가, 위생 상태가, 자세가, 철학이 브랜드의 시작이다. 대수롭지 않게 생각한 나 자신의 모든 것이 사업 초기에는 브랜드가 된다. 만약 바쁘다는 핑계로 얼룩이 묻은 더러운 주방 유니폼을 입은 채, 화장실에 갔다가 손도 안 씻고 나오는 모습을 손님이 봤다? 그 모습이 바로 그 집의 브랜드가 되는 것이다. 가게 인테리어가 아무리 화려하고 사진을 찍을 만한 특별한 메뉴들이 많아도 그 집의 브랜드는 '더러운 주방장'으로 기억될 것이다.

개인적으로도 이와 비슷한 경험이 있다. 몇 년 전 강남 한복판에 브런치 카페로 꽤 유명한 브랜드가 있었다. 분점도 몇 개 내는 등 사업 확장에 열을 올리는 브랜드였다. 인테리어도 멋있고, 판매하는 시그니처 주스가 온라인에서 이슈가 되어 늘 웨이팅이 있던 데이트 명소였다.

당시 타 회사의 메뉴 개발 팀장이었던 나는 그 시그니처 주스와 브런치 메뉴를 벤치마킹하기 위해 몇 번 방문한 적이 있었다. 그런데 늘 사람들로 북적였음에도 화장실을 다녀오는 손님들의 표정은 유독 좋지 않았다. 궁금해서 화장실에 가보니 화장실 문이 너무 작아 들어가고 나가기가 불편했다. 게다가 화장실 크기에 비해 손님들이 너무 많다 보니 화장실 안에는 사용한 휴지가 넘쳐나기 일쑤였다.

멋진 인테리어와 메뉴, 온라인상의 홍보와 유명세에도 불구하고 잘못된 화장실 관리 하나가 브랜드의 이미지를 추락시켰다. 실제로 각종 플랫폼에 '화장실 더러운 곳'이라는 후기가 올라오기 시작했다. 시간이 흐른 뒤 화장실은 조금 변했지만, 이미 많은 사람에게 그곳의 브랜드는 '화장실 더러운 곳'으로 인식되었다. 많은 전문가가 TV 등 미디어에 나와서 매장 컨설팅을 하며 솔루션으로 가장 먼저 청소를 강조하는 것도 바로 이런 이유에서이다.

이처럼 차별화를 만들어 스스로 리브랜딩을 하는 첫 번째 방법은 바로 나 자신이 브랜드임을 인지하고 행동하는 것에서 시작해야 한다. 기본이 되어있지 않으면 아무리 많은 돈을 쏟아부어 퍼스널 브랜딩을 한다 해도 소용이 없다.

대표가 브랜드가 되어 사업이 180° 변한 사례를 하나 더 살펴보자. 인천 석남동의 전통시장 옆에 있는 '감성연어'라는 연어 전문 이자카야를 운영하는 30대 여성 사장님 두 분이 내게 리브랜딩을 의뢰한 적이 있다.

두 대표는 매일 새벽에 어시장에 나가 연어와 광어 등

의 생물 횟감을 사와 정성을 들여 손질하고 숙성하는 등 연어와 음식에 진심인 분들이었다. 하지만 내가 현장 실사를 위해 직접 방문해 보니 어디서나 볼 수 있는 흔한 술집 그 이상도 이하도 아니었다.

더욱이 술집이 있을 만한 상권도 아니고 전통시장 옆이라 그런지 유동 인구의 평균 연령대도 높았다. 실제로 이자카야를 방문하는 대다수 손님은 이미 거나하게 취해서 돌아가는 길에 2차로 들르는 중년의 남성들이 대부분이었다. 그래서 그런지 매장에서 큰 소리가 나는 경우도 부지기수였다. 간혹 주말에 손님이 많으면 두 사장님은 주방에서 요리하느라 얼마 되지도 않는 단골 고객 응대도 전혀 할 수 없는 상황이었다.

두 사장님이 들이는 정성과 노력에 비해 고객들의 수준이 그에 미치지 못해 매출이 저조한 매장이었다. 이곳을 살리기 위해 머리를 싸매고 밤낮을 회의한 끝에 나온 키워드는 결국 하나였다. '두 명의 30대 여성 오너 셰프를 돋보이게 하자.'

매장은 갖춰진 것이 거의 없었다. 하지만 30대 여성 오너 셰프가 직접 손님 앞에서 신선한 회를 썰어 제공하는 곳은 상권과 관계없이 확실히 차별화를 줄 수 있을 것이라 믿고 모든 것들을 퍼스널 브랜딩 키워드에 맞추었다. 기존의 메뉴, 인테리어, 유니폼, 접시 모두 여성 오너 셰프가 직접 손님에게 신선한 회를 제공해주는 퍼스널 브랜딩에 도움이 되지 않으면 제거하거나 바꾸었다.

그 결과 테이블 수를 기존보다 네 개를 줄였다. 그리고 매장 홀 정면에 조리하면서 직접 고객을 응대할 수 있는 테이블을 만들고, 그 안에서 직접 횟감을 썰어 고객에게 제공했다. 뒤쪽의 주방에서 하는 음식 중에 시간이 오래 걸리는 메뉴들은 뺐다. 대신 간단하지만 깔끔하고 세련된 메뉴들로 교체했다.

또 전형적인 동네 술집 같은 인테리어를 빨간색과 하얀색을 적절히 사용하여 여성 오너 셰프를 부각하는 것으로 바꾸었다. 그러자 요리를 하면서 고객들과 소통할 수 있게 되었고 음식보다 사장님을 만나러 오는 손님들이 늘기 시작했다.

리브랜딩 후에 50~60대의 2차 고객들은 20~30대 직장인 혹은 커플들로 바뀌었다. 그리고 술 소비도 단순한 소주, 맥주에서 고급술로 바뀌고 메뉴 가격도 올라 테이블

단가가 리브랜딩 전보다 1만 5000원 이상 상승했다.

지금은 이 감성연어 집으로 인해 주위에 술집 상권이 형성되었다. 무엇보다 퍼스널 브랜딩이 된 두 사장님은 배달의 민족과 다른 온라인 플랫폼에서 강의도 하는 등 활발하게 활동하고 있다.

리브랜딩이 된 이후 이곳을 찾는 손님들은 모든 분위기가 고급스러워졌다며 놀라고 반가워했다. 하지만 결국 핵심은 인테리어나 디자인이 아니라 대표가 브랜드로 자리 잡았기 때문에 가능한 것이었다(감성연어의 변화된 모습은 유튜브에 '석남동 감성연어'를 검색하면 찾아볼 수 있다).

석남동 감성연어 내부

석남동 감성연어 메뉴

　모두가 감성연어처럼 대표를 브랜딩할 수는 없지만, 차별화된 브랜드로 변하기 위해서는 기본적으로 대표 스스로 준비가 되어있어야 한다.

대체 불가능한 신념이 답이다

───•◦◦◦ ● ◦◦◦•───

대표 스스로 브랜드가 될 준비가 되었다면 두 번째 방법은 **'나만의 신념을 찾아 브랜드에 입히는 일'**이다.

내가 30대 초반에 한창 브랜딩에 관해 공부할 때 각종 책이나 영상, 인터뷰 등을 많이 보았는데, 성공한 기업 수장들의 스토리를 보면 사업 성공의 비결로 기업 고유의 철학과 신념들이 언급되곤 했다. 그 당시 내가 느낀 점은 '이놈들이 진짜 성공 비결은 숨기는구나'였다.

하지만 내 직업 특성상 성공했거나 성장하고 있는 브랜드의 대표들을 만나거나 조사하다 보면서 하나같이

'신념이나 철학'이 진정한 핵심인 것을 깨달았다. 안 믿어도 할 수 없다. 실제로 대부분의 사업은 신념이 없으면 살아남을 수 없다.

왜 그럴까? 대한민국 산업의 흐름을 보면 알 수 있다. 2023년 기준, 대한민국의 치킨 브랜드 수는 700여 개 정도이다. 그중에 많은 사람이 인지하고 있는 교촌, BBQ, BHC를 포함한 상위 15개의 브랜드가 보유하고 있는 매장 수는 1만 5000여 개에 육박한다. 나머지 680여 개의 브랜드, 그리고 브랜드가 아닌 개인 사업장, 숍인숍shop in shop[5] 배달까지 합치면 대한민국에 치킨 매장 수는 약 7만여 개가 된다. 사람이 있는 곳에 치킨집 없는 곳을 찾기가 더 힘들 지경이다.

이보다 더 심한 사업도 있다. 바로 카페다. 2023년 8월 기준, 대한민국의 카페 수는 9만 6300여 개이고 이마저도 계속 상승 중이라 곧 10만 개에 육박할 것이다. 카페, 치킨뿐만 아니라 개인이 할 수 있는 거의 모든 분야의 사업은 이미 포화 상태이다. 사업을 몇 년 동안

---

5 '매장 안의 매장'이라는 뜻으로 매장 안에 또 다른 가게를 만들어 상품을 파는 곳을 말한다.

준비했든, 사업을 얼마나 잘하든, 매출이 얼마가 나오든 6개월 후면 더 좋아 보이는 아이템(실제로 더 좋은 것인지는 중요하지 않다)이 바로 옆 골목 혹은 바로 앞에 들어선다.

인스타그램에서 '좋아요'가 많이 달리는 사진을 찍을 만한 화려한 음식은 한 달 정도면 식상해진다. 유행하는 아이템이라고 해서 우후죽순 들어섰다가 없어진 브랜드를 우리는 매년 질리도록 보고 있다.

나만의 철학이 중요한 이유가 바로 여기에 있다. 아이템 대부분은 그게 무엇이든 카피가 가능하다. 아무리 새롭게 만들어도 대한민국 창업 시장에서 영원한 것을 만들 수는 없다. 지속적인 발전을 위해서는 카피가 불가능한 브랜딩을 해야 한다. 브랜드의 껍데기는 베낄 수 있어도 그 속에 담긴 신념이나 철학은 카피할 수 없다. 흉내 내기는 가능하겠지만 흉내는 흉내일 뿐이다.

우리가 해야 할 일은 명확하다. 베낄 수 없는 신념을 만들어야 한다. 베낄 수 없는 신념? 철학? 어떻게 만들 수 있을까?

나는 상담이나 강의를 할 때 브랜드의 성장을 위해서는 상품의 질보다 브랜드의 신념을 만들어야 한다고 늘 주장한다. 이 경우 헛소리라고 생각하고 흘려듣거나, 신념을 어떻게 만드는지 모르겠다는 반응으로 나뉜다.

전자의 경우 본인들이 선택한 것이니 어쩔 수 없다. 후자의 경우라면 우선 사업에서 신념이라는 것이 무엇인지 이해해야 한다. 신념이라 하면 무슨 선한 영향력이나 지역사회 환원, 우리 농산물 살리기 같은 거창하고 대단한 것을 생각하지만 그렇지 않다. 신념의 핵심을 찾는 일은 내가 하고 싶은 것, 내가 잘하는 것, 내가 할 수 있는 것을 찾는 것에서 시작한다. 그 신념을 사업에 적용하는 것은 나중 문제다.

사업장의 대표가 하고 싶은 것을 통해 성공적으로 브랜딩을 한 사례를 소개해보려고 한다. 서울 종로3가 한복판에 '한일옥(구 한일장)'이라는 30년 된 불고기 전문점이 있다. 불고기 장사로 건물을 8층까지 올리며 승승장구하던 한식당이다.

그런데 코로나 사태를 맞으면서 매출이 70% 가까이 하락하고, 20명이 넘었던 직원은 8명으로 줄었다. 30대 초반에 가업을 이을 준비를 하던 2대 사장님과 리브랜딩 작업을 하게 되었다. 리브랜딩의 핵심은 혈기왕성하고 열정이 있는 사장님이 잘하는 것, 할 수 있는 것, 하고 싶은 것을 표현하는 것이었다.

한일옥은 오래된 식당으로 테이블에서 끓여 먹는 전골식 불고기와 한식을 파는 매장이다. 특성상 고객 대부분이 50대 이상으로 연세가 있는 어르신들이었다. 어르신들이 많은 매장은 특히나 사장님이 젊은 경우 음식이 짜다, 달다 등 각종 훈수와 클레임이 난무하기 마련인데 이곳도 마찬가지 상황이었다.

고객의 클레임은 어쩔 수 없는 부분이라고 해도 더 큰 문제는 따로 있었다. 업력業歷이 30년이나 되다 보니 리브랜딩을 위해 메뉴를 바꾸고 레시피를 수정하기 위해서는 1대 사장님과 주방장님의 동의를 구해야 하는 등 선행해야 할 일들이 산더미였다.

30년간 한곳에서 한결같이 음식을 만들어 사업을 하셨는데 아무리 브랜딩 전문가라는 사람이 이야기하는 것이라 해도 한 번에 수긍하는 것은 불가능에 가깝다. 이런 경우 메뉴를 바꾸고 마케팅을 공격적으로 하는 등의 방법을 밀어붙이는 것은 장기적인 사업 발전에 결코 도움이 되지 않을 것이라 판단했다.

결국 일주일이 넘는 대화와 상담을 통해 우리는 '잘하는 것', '할 수 있는 것', '하고 싶은 것'을 먼저 만들기로 했다. 한일옥 사장님의 그 세 가지는 다음과 같았다.

1. 잘하는 것: 매너 있는 고객들에게 매너 있게 웃으며 서비스하기
2. 할 수 있는 것: 건물의 빈 공간을 활용하여 큰 투자 없이 하고 싶은 사업 하기
3. 하고 싶은 것: 건물로 빽빽한 도시 한복판에 직장인들의 쉼터 같은 공간을 제공하기

한일옥의 변신보다 2대 사장님의 장사 열정에 다시금 불을 지피는 것이 주요 과제였다. 그리하여 한일옥의 변신은 잠시 뒤로 미루고, 사업을 할 수 있는 건물의 빈 공간을 찾다가 한일옥 건물 9층에 있는 옥상을 발견했다.

당시 옥상은 흡연실로 사용되고 있었지만, 옥상에서 주변을 보니 건물 주위를 대기업 건물들이 감싸고 있는 구조였다. 그때 상담하면서 나온 '하고 싶은 것'이 떠올

랐다. '직장인들의 쉼터'

도심 한복판, 하루 종일 사무실에서 일하는 직장인들에게 도시에서 느낄 수 없는 개방감을 주고 싶었다. 그리고 길 건너 고층 사무실에서 일하다가 한일옥 옥상을 보며 '나도 퇴근하고 저기 가서 놀고 싶다'라는 감정을 느끼게 해주고 싶었다. 무엇을 팔지, 어떻게 팔지는 다음 문제다. 신념이 잡히면 방법은 찾으면 된다.

우리는 회의 후 바로 실행에 들어갔다. 자본금 2000만 원을 들여 옥상 바닥 전체에 인조잔디를 깔고, 간이 의자를 구비하고, 이동식 바람막이 천막을 설치하여 설거지와 기본 준비가 가능한 미니 주방을 만들었다.

저녁 퇴근 시간에 멀리 있는 고층 빌딩에서도 잘 보일 수 있도록 실외 줄조명을 옥상에 촘촘히 설치하고, 벽면은 하얀색 페인트로 칠했다. 그리고 상호를 '옥상별관'이라고 지어 그곳에서 삼겹살을 팔기 시작했다.

옥상에서는 조리가 불가능하니 통삼겹살을 초벌만 하여 직접 테이블에서 익혀 먹을 수 있게 만들었다. 그리고 옥상에 올라왔을 때 나만 아는 아지트에 놀러 온 느낌을 주기 위해 캠핑장 같은 공간을 여기저기에 구현했다.

주메뉴인 초벌 삼겹살은 일식인 다타키[6] 느낌으로 채소와 함께 담아서 참나무 훈연을 입혀 사진과 영상을 찍을 수 있도록 플레이팅했다.

야외이긴 하지만 손님에게 대접받는 느낌을 주기 위해 메뉴 수는 적지만 최대한 고급스럽게 준비했다. 음료나 주류는 한 병을 주문해도 아이스 버킷에 담아주고, 수저는 주로 한정식집에서 사용하는 수젓집에 넣어 제공했다. 직장인들의 가방을 보관할 수 있는 공간도 마련해주고, 음악은 재즈나 펑키를 틀었다.

한두 달의 시행착오를 겪은 후, 도심 한복판에서 즐기는 감성 있는 바비큐 집을 런칭하게 되었다. 그리고 이 책을 쓰고 있는 지금, 이곳은 예약 없이는 갈 수 없는 브랜드가 되었다.

손님들이 이곳을 방문하면 '감성적이다', '메뉴가 독특하다', '음악이 감각 있다' 등처럼 주로 눈에 보이는 부분에 관해 이야기한다. 하지만 이곳의 신념은 하나다. 도심 한복판에서 직장인들이 개방감을 느끼게 해주는 것이다. 그 신념에 방해가 되는 거라면 아무리 좋은 아이

---

6 규범 표기는 '다타키'이지만, 주로 '타다끼'라고 말한다.

디어라도 실행하지 않는다. 그것이 메뉴든, 인테리어든, 프로모션이든, 뭐든지 말이다.

옥상별관

대체 불가능한 신념을
발굴하는 방법

————·◦◦◦ ● ◦◦◦·————

　2021년에 안산시와 한국호텔관광실용전문학교가 주관하는 '외식사업 아카데미로'부터 2개월간 총 50곳의 매장을 순회하여 문제점을 파악하고 컨설팅을 해달라는 의뢰를 받았다. 나는 곧 매장들을 방문하여 그곳의 문제점들을 파악하는 작업에 착수했다.

　하지만 2개월 안에 50곳의 매장을 전부 바꾸고, 성과를 내기는 불가능하다는 결론이 나왔다. 그렇다면 최소한 각 매장의 공통적인 문제를 스스로 찾도록 하고, 매장 고유의 특징을 찾아 그것을 장점으로 극대화하도록 유도해야겠다고 생각했다. 나는 50곳 매장의 '특징 찾기'를 컨설팅의 방향으로 잡았다.

가장 먼저 각 매장에 간단한 질문지를 제공하여 자신의 사업을 객관적으로 들여다볼 수 있도록 했다. 다음에 나오는 내용은 내가 각 매장에서 최초로 상담할 때 실제로 물어본 사전 질문 중 일부이다.

1. 내 매장에서 반경 500m 이내에 손님이 제일 많은 동종 매장이 있는가? 있다면 그곳은 맛, 가격, 반찬 구성, 양, 서비스, 인테리어, 마케팅 등에서 우리 매장보다 더 나은 점이 있는가? 있다면 무엇이고, 없다면 왜 없는가?

2. 현재 매출이 부진하다면 코로나 영향으로 인해 고객 수가 일시적으로 감소한 것인가? 같은 환경의 경쟁 매장도 같은 비율로 매출이 하락했는가?

3. 매장의 CCTV를 돌려보자. 고객이 나와 직원들이 일하는 모습을 보면 무엇을 어떻게 느낄까? 매장

의 직원들은 충분히 전문적이고, 친절하고, 위생
적인가? 제삼자에게 나와 직원이 일하는 모습을
보여주어 의견을 듣고 정리해보자.

4. 내 매장만이 가지고 있는, 다른 매장이 따라 하기
   어려운 차별화 포인트가 있는가? 있다면 그것은
   고객이 느낄 수 있을 만큼 구체적인가?

5. 사장님만이 가지고 있는 특징이나 장점이 있는가?
   그 특징은 구체적인가?

6. 내 매장의 요일별, 시간대별, 메뉴별 평균 매출과
   주 고객층을 확실하게 파악하고 있는가?

7. 내 사업의 목적이나 신념이 있는가(돈 버는 것은
   제외)?

위와 같은 질문으로 각 매장이 장사를 잘하기 위한 기
본이 되어 있는지부터 점검했다. 그 결과 잘못된 부분들

이 발견되었고, 잘못된 부분을 먼저 바꾸어 나가도록 독려했다.

여기서 끝이 아니다. 잘못된 점이 수정되었다면 특징을 찾아 신념을 만들어야 했다. 설문에 대한 답변 내용을 토대로 추가 상담과 피드백을 진행했다. 그리고 매장의 신념을 찾기 위한 노력이 필요함을 강조하고 '신념 찾기 자가 점검표'를 제공하여 스스로 고민하도록 했다. 점검표에 적힌 질문은 다음과 같다. 이 책을 읽는 독자도 자영업을 하고 있다면 다음 질문에 답을 적어보자.

신념 찾기 자가 점검표

1. 우리는 누구인가?

2. 우리가 가진 것은 무엇인가?

---

3. 우리는 무엇을 하고 있는가?

....

....

4. 우리가 가진 특별함은 무엇인가?

....

....

5. 우리가 하고 싶은 것은 무엇인가?

....

....

6. 우리가 할 수 있는 것은 무엇인가?

....

....

7. 우리의 약점이나 부족한 점은 무엇인가?

....

....

8. 우리가 잘하는 것은 무엇인가?

....

....

    자영업을 하는 사람들에게 이런 종류의 질문은 생소할 것이다. 머리가 아프다고 느낄 수도 있다. 특히 아침 일찍 출근해서 청소와 오픈 준비를 하고 고객을 응대하는 등 에너지 소모가 큰 육체노동을 많이 하는 경우, 이런 질문은 시간 낭비처럼 느낄 수 있다. 그래서 한두 번만 해보고 포기하는 사례도 있었다.

    하지만 육체노동이 대부분인 사업을 하는 경우에 더더욱 이런 질문을 스스로 할 수 있어야 한다. 또 질문에 대한 답을 찾기 위해 노력해야 한다. 그것이 사업의 신념을 찾기 위한 필수과정이다.

보통은 사업의 발전을 위해서라면 하루에 12시간은 기꺼이 일할 수 있다. 힘든 일도 기꺼이 한다. 하지만 사업의 신념을 찾기 위한 노력은 10분의 1도 투자하지 않는다. 하지만 이렇게 귀찮아서 혹은 낯설어서 하지 않는 노력을 하는 사람들이 사업적으로 성과를 내고 돈을 벌고 있다.

당연히 신념을 하루아침에 찾지 못할 수도 있다. 신념을 찾는 데 일주일 아니, 한 달이 걸릴 수도 있다. 하지만 이러한 노력이 습관이 되면 큰돈을 들이지 않고도 내 매장을 브랜딩할 수 있는 힘이 생긴다. 실제로 내가 브랜딩을 기획할 때 제일 많은 시간과 에너지를 할애하는 부분이 바로 이 '브랜드의 신념 찾기'이다.

처음에는 브랜드의 신념 찾기가 어려울 수 있으니, 앞서 이야기한 옥상별관을 기획할 때 고민했던 내용을 예시로 설명해보겠다.

신념 찾기 자가 점검표

1. 우리는 누구인가?

   서울 종로 한복판에서 30년째 불고기를 판매하고 있는

   건물주(2대 시장)

2. 우리가 가진 것은 무엇인가?

   대기업 건물에 둘러싸여 있는 건물의 옥상(흡연실)

   30년 경력의 불고기 전문 셰프

   2대 사장님의 열정과 서비스

3. 우리는 무엇을 하고 있는가?

   1~3층에서는 불고기를 팔고, 옥상은 흡연실로 쓰고 있다.

4. 우리가 가진 특별함은 무엇인가?

   남들이 가질 수 없는 뷰view 포인트

   불고기 전문점의 주방을 사용할 수 있는 것

   한식 전문으로 다양한 식재료 사용 가능

5. 우리가 하고 싶은 것은 무엇인가?

직장인들을 위한 도심 속 쉼터 만들기

답답한 서울 한복판에서 손님에게 놀러 온 듯한 개방감을

제공하고 싶다.

6. 우리가 할 수 있는 것은 무엇인가?

요리에 필요한 준비와 뒤처리에는 불고기 전문점의 인력과

주방을 활용할 수 있다.

7. 우리의 약점이나 부족한 점은 무엇인가?

옥상에는 조리 설비를 구축하는 것이 불가능하다.

많은 인원을 투입할 수 없다.

8. 우리가 잘하는 것은 무엇인가?

젊은 고객층(MZ세대)의 감성을 이해한 맞춤형 고객 응대,

음식의 맛

이런 식으로 적다 보면 내 매장의 장점과 단점, 할 수 있는 것과 할 수 없는 것을 파악할 수 있다. 그 결과 할 수 없는 것(전문적이거나 화려한 음식, 인력이 많이 필요한 아이템)은 생략하고, 할 수 있는 것(초벌 삼겹살, 옥상 뷰, 젊은 직장인들이 좋아할 만한 음악, 디자인, 서비스 등)에 포커스를 맞춰 신념을 찾게 되었다.

이는 비단 외식업에만 국한되지 않는다. 어떠한 사업에도 적용할 수 있다. 객관적으로 나 자신을 들여다보고 일주일이 걸리든 한 달이 걸리든 신념을 찾기 위해 노력하다 보면 나만의 브랜드를 만들기 위한 출발선에 설 수 있다.

브랜드의 신념은 없는 것도 아니고, 찾지 못하는 것도 아니다. 다만 이런 방식으로 노력해본 적이 없을 뿐이다. 당연히 하루 만에 성공할 수는 없다. 오랜 시간이 걸릴 수도 있다. 하지만 신념을 찾기 위한 노력을 하는 것이 중요하다. '다른 방향의 올바른 노력'은 사업을 성공적으로 이끌기 위해 꼭 해야 한다.

Chapter

3

0원으로도
독보적 브랜드를
만들 수 있다

고객을 착각하게 하는 방법
- 센스 -

────•◦◦◦ ● ◦◦◦•────

2024년은 아내를 만난 지 10년째 되는 해이다. 10년 전인 2015년 8월경에 아내는 집 근처에 있는 수제 맥주 전문점에서 아르바이트를 했다. 당시 아내는 호주에서 유학을 하기 위해 대학 입학금과 1학기 학비까지 모두 지불하고 잠시 쉬던 상황이었다.

아내는 입학 전 잠시 귀국하여 용돈벌이 삼아 일하던 곳에서 나를 만났다. 그리고 결국 학교도 유학도 다 그만두고 나와 결혼해서 지금까지 행복하게(?) 결혼 생활을 하고 있다.

2015년 8월에 만난 아내와 그해 10월에 혼인신고를 하고, 그다음 해 2월에 결혼식을 올렸다. 이렇게 급하게 가족이 된 데는 여러 가지 이유가 있지만, 그중 하나가 바로 아내가 가진 고객을 착각하게 만드는 기술 때문이었다.

아내가 일하던 수제 맥주 전문점은 장사도 잘되고 무척 바쁜 곳이었다. 나는 당시 컨설팅이라는 직업의 특성상 시간이 날 때 가볍게 혼술을 즐기는 것을 좋아했다. 그래서 적당히 분주하고 바bar가 있는 매장을 선호했다. 근데 마침 퇴근길에 아내가 일하던 사람들로 북적이면서 바까지 있는 매장이 있으니 그곳에 종종 들르게 되었다.

나는 주로 바에 앉아 사장님과 이야기를 나누며 맥주를 마시곤 했다. 그곳에서 일하던 아내는 바쁜 와중에도 항상 웃으며 내 이야기를 잘 들어주었다. 특히 서비스 안주로 나오는 튀긴 파스타 면이 3개 이하로 남으면 내가 요청하지 않아도 알아서 가져다주는 등 신경을 써주었다.

아내는 아무리 바빠도 내가 계산하고 나갈 때는 멀리서 달려와서 문을 열어주고 웃으며 인사하고 배웅을 해주었다. 순진했던 나는 당연히 착각에 빠지게 되었고 아내가 나에게 호감이 있다고 믿었다. 그런데 결혼 후에 아내는 매장에 오는 거의 모든 손님에게 그렇게 인사를 해주었다는 사실을 알게 되었다.

"나 그때 오빠한테 관심도 없었는데?"

그러다 보니 나 말고도 혼자 착각하고 아내에게 데이트 신청을 하는 손님들이 꽤 많았다.

시간이 지나 생각해보니 그 당시 수제 맥주 전문집의 단골 중 70% 이상이 남자들이었다. 매장 위치도 좋지 않았고, 가격이 저렴하지도 않았고, 안주의 퀄리티도 그리 높지 않았지만, 친절한 인사와 웃는 얼굴로 그 동네 손님들의 단골 맥주 전문점이 된 것이다. 의도했든 의도하지 않았든 고객들은 직원이 자신을 기억해주고 환영해준다고 '착각'했기에 가능한 일이었다.

'손님을 개인적으로 존중해주고, 기억해주고, 좋아해준다고 착각하게 만드는 것!'

그것이 나만의 브랜드를 만드는 세 번째 방법이다. 장사를 하고 있다면 고객을 착각하게 만드는 것은 꼭 필요한 기술이다.

하지만 많은 사람이 착각하는 부분이 있다. 바로 고객에게 친절하기만 하면 된다는 것이다. 고객을 친절하게 응대하는 것과 고객을 착각하게 만드는 것은 완전히 다르다는 것을 알아야 한다.

"고객이 왕이다."
"무조건 친절해야 한다."
"CS 교육이 중요하다."
"고객 만족이 되어야 한다."

당신이 장사를 하고 있다면 귀에 못이 박히도록 들었을 것이고, 누구나 알고 있는 말일 것이다. 하지만 실상은 그렇지 않다.

한번은 천안에 있는 이자카야 매장을 컨설팅하기 위해 저녁 시간에 매장이 운영되는 모습을 2시간 정도 지켜본 일이 있다. 나는 사장님이 고객에게 예의 바르고, 깍듯하고, 친절하게 대해주시는 모습을 보고 상담할 때 한마디 했다.

"사장님, 너무 쓸데없이 친절하세요."

고객에게 친절해야 한다고 귀에 못이 박히도록 들었
는데 쓸데없이 친절하다니? 나를 사기꾼이라고 생각했
을 수도 있다. 하지만 명심해야 한다. 장사 특히 음식이
나 음료, 술을 파는 외식업을 할 때 손님에게 친절하기
만 한 것은 '매력이 없다'는 것과 같은 뜻이다.

이해를 돕기 위해 한 단어로 표현하자면 친절하기만
한 음식점은 '착한 남자'라고 표현할 수 있다. 천안의 이
자카야 고객들도 '이 집 사장님은 참 친절해서 좋아'라고
이야기한다. 여기서 사장님은 착각을 하게 된다. 손님들
을 착각하게 만들어야 하는데 정작 내가 손님에 대해 착
각을 하고 손님을 놓친다.

고객들은 친절해서 좋다고 이야기하지만 결국에는 다
른 이자카야를 가고 다른 술집을 더 많이 간다. 많은 여
성이 이렇게 말한다.

"난 착한 남자가 좋아."

이 말을 믿고 희망 고문에 사로잡혀 사는 착하기만 한
남자들이 수두룩하다. 사실이라면 왜 인기 많은 남자 중
에 나쁜 남자들이 그렇게 많은 걸까?

미국의 캘리포니아대학교 연구팀은 음식, 가격, 서비스, 인테리어가 같은 매장 두 곳을 열어 테스트를 실시했다. 그런데 고객에게 가벼운 농담을 건네고 안부를 묻는 매장이 친절하기만 한 매장보다 고객만족도가 훨씬 높다는 결과가 나왔다.

'상냥하고 친절한 응대는 기본 중의 기본이지만 예절과 공손함에 치중한 단조로운 서비스는 개성을 막는 자충수가 된다'라는 어느 유명한 사업가가 한 말의 의미를 기억해야 한다.

바람둥이가 인기 있는 것은 센스가 있고 리액션이 좋기 때문이라고 한다. 남자가 관심이 전혀 없는 여성의 말에도 눈빛을 마주치며 센스 있게 리액션을 해주니 여성들이 빠져드는 것이다.

만약 당신이 장사를 하고 있다면 순해 빠진 착한 남자가 될지 바람둥이가 될지 결정을 해야 한다. 지금 눈앞에 있는 고객이 나의 썸남 혹은 썸녀라고 생각해보라. 그 순간 상대방이 무슨 생각을 할지, 무엇이 필요할지를 자발적으로 고민하게 될 것이다. 그것이 매력적인 매장이 되기 위해 해야 할 준비다.

그렇다면 센스와 리액션이 실현되고 있는 매장은 어떨까? 태국 요리 전문 프랜차이즈인 '리틀방콕'을 예로 보자. 나의 사업파트너이기도 한 김도현 대표는 고객이 착각하게 만드는 일에 누구보다 민감하게 반응한다.

태국 요리는 그다지 대중적으로 인기 있는 요리는 아니다. 그래서 대표는 매장에 한 번 방문한 고객에게 만족감을 주어 단골로 만드는 것을 무엇보다 중요하게 생각한다. 이를 위해 고객의 니즈를 최대한 파악하여 여러 가지 서비스를 제공하기 위해 노력한다.

아이들과 함께 오는 가족 단위의 고객을 위해서 아이가 좋아할 만한 서비스 음식을 주는 것은 기본이다. 간혹 스마트폰을 물병이나 물컵에 기대놓고 아이에게 보게 하는 고객이 있으면 핸드폰 거치대를 조용히 가져다드리기도 한다. 스마트폰이나 물컵이 쓰러질까 봐 불안해하며 식사하는 부모에게 사소하지만 스마트폰 거치대를 '요청하지 않았음에도' 제공하는 것이다. 이로써 이 매장은 인근에서 가장 인기 있는 키즈 프렌들리Kids Friendly 매장이 되었다.

이뿐만이 아니다. 매장에 항상 구비되어있는 우산과 무릎 담요도 고객을 착각하게 만드는 센스의 영역이다. 예상치 못한 비가 오면 우산이 없는 고객에게 아무런 대가 없이 우산을 빌려주고, 아이에게는 무릎 담요를 주기도 한다. 우산을 돌려받지 못하면 어떻게 하냐고? 여기서 이 우산과 무릎 담요가 아깝다면 사업을 키우기 위한 마인드가 부족한 것이다. 물론 우산과 무릎 담요가 회수되지 않는 경우도 있다. 하지만 손님이 우산과 무릎 담요를 돌려주러 오는 경우는 대부분이 재방문과 식사로 이어진다. 더욱이 손님과 매장 간에 특별한 관계가 형성되어 단골이 되는 것은 물론이고 지인들에게 추천하기도 한다.

실제로 아파트 단지 내에 있는 매장의 경우, 태국 요리 전문점임에도 불구하고 각종 단체나 모임의 예약이 끊이지 않고 있다. 더 나아가 단체 고객 방문 시 메뉴에 없는 간단한 서비스 안주를 주고, 상대적으로 가격이 높은 주류를 판매함으로써 다른 태국 음식점보다 객단가와 고객 충성도 면에서 압도적인 성과를 내고 있다.

이처럼 고객이 착각하게 만들기 위해서는 고객에게

필요해 보이는 것들을 빨리 알아채서 내가 가지고 있는 아주 작은 정성으로 선물할 수 있는 센스가 필요하다. 센스가 없는 사람은 어떻게 하냐고? 센스가 있는 사람을 최우선으로 채용하면 된다. 이러한 센스가 있는 직원이라면 다른 직원들보다 시급을 더 줘도 된다.

무엇을 판매하는가
VS
어떻게 판매하는가
- 스토리텔링 -

————·◦◦◦ ● ◦◦◦·————

　어느 시대든 사람들은 항상, 그것이 무엇이든지 시대에 부족한 것을 원하기 마련이다. 옛날 보릿고개 시절에는 배불리 먹기를 원했고, 시대가 변해 굶주림이 해결되자 포만감보다는 맛있는 음식을 원했다. 그리고 맛있는 음식이 해결되자 예쁘게 플레이팅 된 음식을 원했고, 보기 좋은 음식도 식상해지자 스토리가 있는 음식과 차별화된 고객 응대를 원하게 되었다. 음식값이 1인당 20만 원을 상회하는 오마카세가 유행하고, 허름하다 못해 쓰러져가는 노포老鋪 식당이 유행하는 이유이기도 하다.

많은 사람에게 잘 알려진 매슬로우의 '인간 욕구 5단계 이론[7]'을 보면 단계별로 사람들이 원하는 니즈needs가 있다. 생리 욕구부터 자아실현 욕구까지 있는데 핵심 내용은 '위 단계로 올라갈수록 등 따시고 배부르면 남들이 안 하는 다른(차별화된) 것을 하고 싶다'라는 것이다.

매슬로우의 인간 욕구 5단계

---

7 미국의 심리학자 에이브러햄 매슬로우(Abraham Maslow, 1908~1970)가 1943년에 주창한 이론이다. 인간의 욕구가 그 중요도에 따라 낮은 수준의 욕구에서 높은 수준의 욕구로 일련의 계층을 구성한다는 내용이다.

이 책 전반에 걸쳐 계속해서 언급하지만 모든 것이 흔해진 지금 시대는 사업을 성공시키기 위해 '무엇을 판매하는가'라는 질문은 의미가 없다. 차별화를 만들기 위해 '어떻게 판매하는가'가 핵심이다.

그리고 '어떻게'를 위한 차별화를 만드는 네 번째 핵심 요소는 바로 **'스토리'**이다. 스토리, 스토리텔링에 대한 이론들은 많이 있지만 여기서는 이론보다 사례를 들어 설명하고자 한다. 개인 사업자가 접할 수 있는 스토리라고 하면 떠오르는 대표적인 곳 중 하나가 바로 노포이다.

노포란 30~40년은 기본으로 긴 세월을 버티고 오늘날까지 장사를 유지하는 매장들을 말한다. 이러한 노포 중에는 전국적으로 유명해서 사람들이 많이 찾는 곳도 있다. 모든 노포가 장사가 잘되는 것은 아니지만 많은 노포가 잘되다 보니 유튜브, 블로그, 인스타그램을 하는 소위 인플루언서들이 찾아간다.

그러고는 영상이나 사진을 찍으며 짜네, 싱겁네, 맛있네, 양념은 뭐로 만든 것 같네 등등 평가를 한다. 이 집은 가성비가 좋고 반찬이 많아서 사람이 많네, 반죽에

뭘 넣어서 튀겨서 그런지 더 바삭바삭하네 등등. 장사가 잘되는 이유를 분석하는 자칭 전문가들이 판을 친다. 그런데 과연 30~40년간 변하지 않는 사장님의 손맛 때문에 오래도록 사랑을 받는 것일까?

노포라는 말의 진짜 의미를 알아보자. 노포는 '늙을 노老'에 '가게 포鋪' 자를 쓴다. 직역하면 단순히 늙은 가게라는 뜻이다. 하지만 여기서 '노'는 노련하다, 숙달하다라는 뜻을 품고 있고, '포'는 두루 펼치다, 널리 영향을 미치다라는 뜻을 가지고 있다. 즉, 노포란 '오래되었지만 노련함과 숙련됨이 펼쳐져 있는 가게'라는 뜻으로도 해석할 수 있다.

노련함과 숙련도를 하루아침에 이루어질 수 없다. 특히나 우리나라는 전 세계에서 음식점이 가장 많은 나라 중 하나로 그만큼 트렌드에 민감하다. 더욱이 자극적이고 새로운 것을 좋아하는 사람들이 많아 오랫동안 노련함과 숙련도를 유지하기는 쉽지 않다. 하지만 노포들은 이런 것들을 따지지 않는다.

명동에 있는 아주 오래되고 유명한 노포 곰탕집인

'하동관'의 사례를 보자. 하동관은 현재 명동에 본점이 있고 강남, 여의도, 코엑스에도 분점이 있다. 하동관 본점은 1939년에 처음 문을 열었다. 곰탕에 쓰이는 고기는 우리나라에서 제일 오래된 정육점인 '팔판정육점'에서 납품받는다. 처음 오픈했을 때부터 지금까지 대를 이어 장사하는데, 오후 3~4시까지만 장사하고 문을 닫는 게 특징이다.

장사하다 보면 고기를 조금 더 저렴한 곳에서 받아서 쓸 수도 있다. 또 장사가 잘되면 영업시간을 7시까지로 늘리거나 더 잘되면 신메뉴도 개발해서 저녁에 술과 함께 파는 것이 보통 우리가 알고 있는 장사의 법칙이다. 하지만 하동관은 그러지 않는다. 한결같다.

어떻게 보면 미련하다고 생각할 수도 있지만, 그 우직함이 사람들이 그곳에 몰려드는 이유이고 스토리이다. 1939년에 처음을 문을 열었으니 일제강점기와 광복을 거쳐 6·25전쟁, 베트남전쟁이 일어났던 시기를 우직함으로 고스란히 버틴 것이다.

문 닫을 위기도 100번은 더 넘겼을 것이다. 세월이 쌓이며 사람들에게 '그 집은 늘 똑같아', '하동관다워'라는 말이 전해졌을 것이다. 할아버지가 아들과 딸의 손을 잡고 데리고 갔던 곰탕집이 이제는 손자와 손녀까지 데리고 가는 맛집이 되었다. 이런 스토리와 세월 때문에 고객들이 노포를 찾는 것이다.

"하동관에서는 컵 소주를 냉수라는 이름으로 팔아. 왜 그런지 알아? 우리 할아버지가 예전에 이 집 단골이셨을 때 매장에서 술을 안 팔았대. 그래서 직원한테 500원을 몰래 쥐여주고 술 한 잔을 부탁하셨대. 그러면 직원이 여기 '냉수 한 잔이요'라면서 컵에 몰래 소주를 부어주었대. 이게 지금까지 이어진 거지. 그래서 이 집은 냉수가 컵 소주야."

하동관은 이런 역사를 설명하며 국밥을 먹는 맛집이 되었다. 이 밖에도 하동관에서는 이야깃거리가 끊이지 않는다. 이것이 잘되는 노포가 가지고 있는 스토리이고, 긴 세월을 묵묵히 버티며 이어질 수 있었던 힘이다.

장사는 사람이 하는 것이다. 사람이 사람을 대상으로 하는 것이다. 음식값을 지불하지만 그곳은 가게의 스토리가 끊이지 않고, 정이 있고, 즐거움이 있는 공간인 것이다. 이것 덕분에 사람들이 계속 몰려오는 것이다.

트렌드도 좋고, 새로운 것도 좋지만, 본질을 유지한 채 버텨야 한다. 물론 노포의 세월을 쉽게 만들어낼 수는 없다. 트렌드와 유행에 눈이 멀어 끊임없이 변화하기보다는 버텨야 한다. 명심하라, 로마는 하루아침에 이루어지지 않았다.

스토리를 만들어내는 방법

───•◦◦◦ ● ◦◦◦•───

　노포와 하동관의 사례를 통해 스토리텔링의 필요성은 인지했고, 노포가 장사가 잘되는 데는 스토리가 한몫한다는 사실을 알았다. 그렇지만 스토리를 만드는 것은 쉬운 일이 아니다. 30~40년의 세월을 하루아침에 돈을 주고 살 수도 없고 그렇다고 그 세월을 마냥 기다릴 수도 없는 노릇이다.

　그래도 무언가 스토리를 만들어야 하니 음식의 효능, 먹는 방법 등과 같은 이야기를 온라인에서 검색하여 매장 곳곳에 포스터로 붙이는 곳이 많다.

'불포화지방산이 함유된 고단백 식품인 오리고기는 예로부터 우리 조상들이 보양 식품으로 즐겨 먹어 왔으며, 약용으로 사용되기도 했습니다. 오리고기는 위를 보하고, 종기를 없애며, 기침과 수종을 낫게 하는 것으로 알려져있습니다.'

이런 식의 스토리는 오리고기, 돼지고기, 짜장면, 순댓국 할 것 없이 어디서나 쉽게 접할 수 있다. 하지만 고객은 이런 스토리에 매력을 느끼지 못한다. 왜일까? 매장이 전하려는 스토리가 고객의 마음을 움직이지 못하기 때문이다. 이것은 죽은 스토리이다. '난 널 좋아하는데 넌 왜 내 마음을 안 받아줘?'와 같은 푸념이나 마찬가지다. 마음이 가지 않는데 이유가 어디 있을까? 그냥 고객에게는 별로인 것이다. 이미 이런 종류의 스토리가 너무 많아진 것도 그 이유가 될 수 있다.

좀 더 차별화된 스토리를 스스로 만들기 위해 스토리텔링과 관련된 강의, 영상, 책 등을 찾아보면 실제로 적용하기 어려운 두루뭉술한 내용이 대부분이다. 다음은 온라인에 검색해서 찾아낸 스토리를 만드는 방법에 관한 내용이다.

1. 명확한 콘셉트가 있어야 한다.
2. 콘셉트가 고객에게 이익 또는 혜택이 되어야 한다.
3. 누구나 쉽게 이해하고, 공감할 수 있어야 한다.
4. 재미가 있고 설득력이 있어야 한다.
5. 고객 체험과 감성을 팔아야 한다.

틀린 말이 하나도 없다. 이렇게만 스토리를 만들면 분명 매력적이고 사람들이 좋아하는 브랜드가 될 수 있다. 그런데 개인 사업자가 이런 조건에 부합하는 스토리를 스스로 만들기에는 다소 복잡하게 느껴진다. 또 어떻게 스토리를 만들어야 하는지 구체적인 지침도 없다.

그렇기에 나는 복잡하지 않고 스스로 만들 수 있는 스토리를 만드는 법을 제안하려고 한다. 나와 함께 ㈜비투케이브랜딩B2K BRANDING을 운영 중인 20만 유튜버 장사 권프로, 권정훈 대표가 착안한 방법이다. 스토리를 만드는 사자성어 '주근사주', 이 단어를 기억하면 항상 복잡하지 않게 스토리를 만들 수 있다. 주근사주의 내용을 정리하면 다음과 같다.

주: 주장하다

근: 근거를 제시하다

사: 사실에 기반하다

주: 다시 주장하다

하나씩 살펴보자. 첫 번째 '주'는 '주장하다'이다. 내가 가지고 있는 핵심 차별화, 신념, 장점을 고객에게 주장해야 한다. 그러기 위해서는 앞서 2장에서 다루었던 나만의 신념을 찾는 작업이 선행되어야 한다. 이 신념이 고객에게 이익이 된다는 것을 주장해야 한다.

두 번째 '근'은 '근거를 제시하다'이다. 내 브랜드가 주장하는 신념, 장점에 대한 타당한 근거(이유)를 제시해야 한다. 만약 오리고깃집을 운영한다면 오리고기의 성능을 주저리주저리 적어놓는 것이 아니다. 다음과 같이 고객에게 주장하는 내용의 근거를 구체적으로 제시해야 한다.

'OO 오리고깃집은 전국에서 가장 신선하고, 육질이 좋고, 살이 단단한 오리고기를 제공합니다. 그 근거(이유)는 3대째 전남 무안에서 가장 규모가 큰 오리

농장을 운영하는 것입니다. 또 모든 오리에게 유기농 사료를 먹이고, 전남에서 유일하게 매년 '깨끗한 축산 농장 인증'을 받기 위해 환경도 위생적으로 철저하게 관리하고 있습니다.'

세 번째 '사'는 '주장하는 내용이 사실에 기반해야 한다'이다. 이 말은 당연한 것처럼 느껴지겠지만 실제로는 스토리를 만들기 위해 거짓으로 내용을 만들어내는 경우가 비일비재하다. 가장 흔한 경우가 원산지를 속이는 것이다. 수입산을 국산으로 속이거나 유통기한을 속이는 경우도 심심찮게 접할 수 있다. 스토리를 거짓으로 만들어 사업하다 구속까지 된 사례를 하나 소개한다.

2016년, 수제 쿠키와 케이크 등을 판매하는 디저트 전문점 '미미쿠키'가 오픈했다. 미미쿠키의 '미미'는 사장 부부 아들의 태명이라고 설명하며, 아토피가 있는 아들이 먹을 수 있는 건강한 수제 쿠키를 만든다는 슬로건을 내세웠다. 자식의 이름을 걸고 장사하는 믿을 만한 가게임을 어필하였다.

미미쿠키는 SNS를 통해 입소문을 타면서 큰 인기를 끌었다. 2018년에는 유기농 식품을 사고파는 네이버 카페 '농라마트'에도 입점하는 등 사업을 확장하고 각종 매스컴에도 소개가 되는 등 전국에서 찾아가는 유명 디저트 전문점으로 유명해지기 시작했다.

하지만 아토피가 있는 아이를 위해 만든다는 수제 쿠키는 코스트코에서 판매하는 시중 제품으로 드러났다. 이에 소비자들의 항의와 소송이 이어졌고 결국 대표가 사기죄로 구속되는 일이 발생했다. 이처럼 스토리를 만들기 위해 사실이 아닌 내용을 홍보한다면 브랜드의 존속 자체가 불가능해질 수 있다. 스토리는 반드시 사실에 기반해야 한다.

네 번째 '주'는 '다시 주장하다'이다. 앞서 이야기한 세 가지에 맞게 주장하고, 근거를 제시하고, 사실에 입각한 내용이라면 마지막으로 다시 고객에게 주장해야 한다. 그리고 이 주장에는 고객을 위한 직접적인 이익이나 혜택이 있어야 한다. 오리고깃집을 예로 다시 이야기해보자.

'○○ 오리고깃집의 오리고기는 전국에서 가장 신선하고, 살이 단단하고 맛있습니다. 그 이유는 3대째 전남 무안에서 규모가 가장 큰 농장을 국가가 인증한 친환경적인 환경에서 운영하고 있기 때문입니다.

(사진, 각종 인증서, 매스컴 소개 자료 등 사실을 증명할 수 있는 것들을 시각적으로 표현) 그렇기 때문에 오리고기를 드시려면 OO 오리고깃집이 최고의 선택입니다.'

이런 식으로 '주근사주'를 활용하는 연습을 하다 보면 내 매장의 신념으로 스토리를 만들 수 있다. 단, 명심해야 할 것이 있다. 한가지 신념을 일관되게 주장해야 한다는 것이다. 물론 자랑하고 싶은 게 많은 것도 이해한다. 오리고기가 신선하고, 레시피도 특별하고, 정성도 들어가고, 오리에 진심이라 자기 전에도 오리만 생각하고, 단골이 되시면 더 많은 혜택이 있고 등 주장하고 싶은 게 많을 수도 있다.

하지만 너무 많은 이야기를 할 필요는 없다. 기능이 적을수록 스토리는 강해진다. 내가 자랑스럽게 이야기할 수 있는 한 가지, 그 신념을 찾아 그것을 스토리로 풀어야 한다. 한 가지가 명확해지면 나머지 장점은 자연스럽게 고객이 알게 된다.

주근사주를 활용하여 한 가지 핵심 포인트를 가지고 청주의 외곽 허허벌판에서 핫플레이스로 유명해진 한 매장의 사례를 하나 더 소개하려고 한다.

충북 청주시 원평동에는 유동 인구가 거의 없고, 창고만 즐비한 공장단지에 창고형 캠핑용품 매장이 하나 있다. 이곳은 말 그대로 차를 타고 찾아오지 않으면 올 수 없는 곳에 있다. 야구선수 출신인 20대의 두 형제가 인생 2막을 위해 얻은 매장치고는 너무나 볼품이 없었다.

캠핑용품을 전시하여 매장과 온라인에서 판매하고, 매장을 방문하는 손님들을 위한 카페도 함께 운영하고 있었다. 예약 고객에 한해서는 외부에 전시해 놓은 텐트에서 삼겹살을 팔며 고객을 유치하기도 했다. 하지만 위치도, 상품도, 홍보도 아무것도 제대로 되어있지 않고 가진 건 사장님들의 젊음밖에 없는 매장이었다.

그러던 중 형제는 새로운 것을 시도하고자 리브랜딩 작업을 의뢰했다. 하지만 그들이 가진 자본금이 너무 적어 바꿀 수 있는 요소가 많지 않았고, 위치상으로도 매장을 살리기가 쉽지 않다고 판단하여 처음에는 거절했다.

하지만 젊은 형제의 열정과 뭐든지 몸으로 때우겠다는 의지를 확인하고는 이내 스토리를 잡는 작업에 착수했다. 스토리의 핵심은 캠핑족이 아닌 사람들도 캠핑장을 대중적으로 이용할 수 있도록 하는 것이었다. 가지고 있

는 강점과 특징, 단점을 나열하고 '주근사주'를 적용하여
스토리를 만들었다.

1. **주장하다** – 우리 매장은 캠핑 분위기를 원하지만
귀찮은 것을 싫어하는 청주 사람들
특히 어린아이가 있는 가족들의 유일
한 휴식처이다.

2. **근거 제시** – 손님이 예약하면 캠핑장을 미리
세팅해놓고, 초벌된 고기와 음식
을 예약 시간에 맞춰 준비한다. 수
제 버거와 커피 등 캠핑장에서 접
하기 어려운 메뉴와 서비스를 제
공한다. 그리고 캠핑 후 뒤처리까
지 말끔하게 해준다.

3. **사실 기반** – 실제로 매장에 예약 고객이 오면 외
부에 준비되어있는 캠핑장 텐트
로 안내를 해준다. 고객은 초벌된
고기만 구우면 되고, 나머지 일은
매장 직원들이 서비스한다. 이는

일반적인 캠핑장에서 제공하는 서
비스뿐만 아니라 일반 음식점 서비
스보다 높은 수준이다.

4. 주장하다 - 이러한 이유로 우리 매장은 캠핑은 좋
아하지만 귀찮아서 캠핑을 하지 않는
사람들의 휴식처가 될 수 있다.

이러한 과정을 통해 메인 스토리가 결정된 이후에는
우리가 스토리를 말하지 않아도 고객이 느낄 수 있도록
하는 디테일이 필요하다. 시내에서도 차로 15분 정도는
운전해야 올 수 있는 우리 매장에 고객이 찾아오고 싶은
분위기를 내는 것이 우선이었다.

창고 안에 우후죽순처럼 진열되어 있던 캠핑용품들을
캠핑 컨셉의 카페처럼 보이도록 배치했다. 조립식 건물
의 휑한 천장 구조물을 인테리어 커튼으로 장식하여 분
위기 있는 카페 분위기를 냈다. 각종 캠핑용품이 진열되
어 있던 벽면에는 빔프로젝트용 대형 스크린을 설치해
감각 있는 해외 영상을 상영하고, 음악도 캠핑장에 어울
리는 밝은 재즈나 팝을 틀어 역동적인 느낌을 주었다.

주위에 많은 창고형 공장들로 둘러싸인 매장의 외관은 먼 도로에서도 잘 보일 수 있도록 빨간색으로 디자인했다. 또 외부에 설치된 텐트와 매장 간판 위쪽을 줄 조명으로 연결하여 근방에서 가장 밝은 매장으로 바꾸었다. 이렇게 청주에 있는 캠핑용품 매장 '캠핑펍글러브'의 기본적인 인테리어 변경을 마쳤다.

이후 우리는 매장에서 음식 메뉴를 조정하였다. 매장 외부 텐트에서는 삼겹살을 판매하고 내부에서는 아이들을 위한 수제 버거와 식사를 마친 고객들을 위한 커피와 음료를 제공하도록 했다. 여기서 핵심은 역시 고객이 귀찮아하지 않아야 한다는 메인 스토리를 기반으로 준비했다는 것이다.

리브랜딩 이전에는 고기를 시내 대형마트에서 사와 같은 가격으로 팔고, 추가 상차림은 비용을 받아 제공했었다. 하지만 이렇게 텐트 안에서 고기를 구우면 기름이 튀고, 굽고 자르는 것이 번거로울 뿐 아니라 보기에도 좋지 않았다.

그래서 고객이 귀찮아하지 않도록 고기를 덩어리째로 겉만 센 불에 살짝 익혀서 기름은 빼고 육즙은 가둔

후 먹기 좋은 크기로 잘라 각종 채소와 함께 제공했다. 여기에 기본적인 채소는 셀프서비스로 돌리고 그 외 서비스의 대부분은 직원이 직접 응대하며 제공했다. 이렇게 변화하자 스타일도 더 좋아지고, 고객도 편리함을 느껴 만족도가 올라갔다.

수제 버거는 매장 안쪽에 모두에게 보이는 정면 카페 옆에서 주문하면 고객이 쉽게 조리 과정을 볼 수 있도록 했다. 소고기 패티를 굽고 버거를 만드는 과정을 모두 보여줌으로써 고객의 신뢰를 높이는 작업을 했다. 결과적으로 월 매출이 1000만 원 정도였던 한적한 캠핑용품 매장은 월 4000만 원 이상의 매출을 올리는 곳이 되었다. 이로써 '캠핑펍글러브'은 누구나 간편하게 즐길 수 있는 가족 중심의 캠핑 휴식처로 탈바꿈했다.

캠핑펍글러브 외관

캠핑펍글러브 실내 모습

Chapter 4

결국
돈 되는 상품을
만들어야 한다

돈이 되는 상품기획

―――――•◦◦◦ ● ◦◦◦•―――――

지금까지 사업을 시작하기 전에 알아야 할 것과 차별화를 만드는 브랜딩, 신념, 센스, 스토리텔링에 관해 이야기했다. 그런데 정작 팔아야 하는 '상품'에 대해서는 자세히 언급하지 않았다. 당연한 이야기이지만 앞서 중요하다고 언급한 모든 것들은 고객에게 팔아야 할 '상품'이 존재하지 않는다면 아무런 의미가 없다. 사업의 성패는 결국 내가 팔고자 하는 상품이 고객에게 팔리느냐 안 팔리느냐에 따라 결정이 된다.

여기서 다시 한번 짚고 넘어가야 할 개념이 있다. 상품을 잘 만드는 것보다 팔리게 만들어야 한다는 것이다. 고객이 내가 파는 상품을 기꺼이 돈을 내고 사게 하기 위해서는 잘 팔리는 상품을 기획해서 출시해야 한다. 기획이라고 하면 이렇게 말하는 분들도 있다.

"기획? 그거는 큰 회사에서만 할 수 있는 거 아닌가?"

"자영업자도 기획이란 것이 가능할까?"

물론 가능하다. 기획이 된 상품과 그렇지 않은 상품은 하늘과 땅 차이이다. 이제 기획은 사업을 하기 위한 선택이 아닌 필수가 되어버렸다. 좋든 싫든 반드시 해야 하는 것이 기획이다. 그리고 기획을 제대로 하기 위해서는 먼저 '기획'과 '개발'의 차이를 인지해야 한다.

외식업을 하는 분들이라면 '메뉴 개발'이라는 용어는 어렵지 않게 접할 수 있을 것이다. 메뉴 개발과 관련된 상품이 판매되기도 하고, 관련 교육도 쉽게 찾을 수 있다. 이러한 교육을 통해서는 각종 레시피와 아이템별 메뉴 만드는 법 등을 배울 수 있다. 이자카야, 고깃집, 한정식집 등의 메뉴 개발 상품은 카테고리는 다르지만 결국 내가 원하는 아이템의 레시피를 돈을 주고 구매하는 것이다. 이러한 상품은 기술 전수가 목적이다.

하지만 메뉴 개발과 메뉴 기획은 전혀 다른 것이다. 반복해서 이야기하지만 뛰어난 기술로 만든 상품이 판매되지 못하는 경우는 수두룩하다. 상품을 팔리게 하려면 개발 이전에 기획이 선행되어야 한다. 메뉴 기획의 의미를 이해하기 위해 기획만으로 성공적인 상품을 만들어낸 사례를 한번 보자.

흔히 세계적인 기업이라 하면 애플, 마이크로소프트 등을 거론한다. 그렇다면 외식 분야에서 세계 1위 기업은 어디일까? 대부분은 맥도날드라고 대답할 것이고 사실도 그러하다. 그렇다면 맥도날드 하면 제일 먼저 떠오르는 상품은 무엇일까? 사람마다 생각이 다를 수 있지만 아마 첫 번째로 떠오르는 것은 바로 '빅맥'이라는 버거일 것이다.

맥도날드에서 출시된 버거 종류만 100여 가지가 넘는데 그중 빅맥의 인기는 압도적이다. 1967년에 처음 판매되기 시작한 빅맥은 맥도날드에서 가장 오래된 메뉴 중 하나이다. 전 세계 50여 개국에서 맥도날드 버거 중 판매 1위를 기록하고 있다. 특히 인구가 약 3억 4000만 인 미국 내에서만 한 해에 평균 5억 5000여 개가 판매되고 있다.

더욱이 전 세계 빅맥 가격을 기준으로 각 나라의 경제 상황을 비교하기도 한다. 아마 빅맥은 버거에서뿐만 아니라 전 세계 모든 음식을 통틀어서 가장 성공한 친구가 아닐까. 그렇다면 이 '대단한' 메뉴가 실제로도 그렇게 대단한가? 다른 모든 메뉴를 이기고 세계 경제지표로 쓰일 만큼 훌륭한 메뉴일까?

빅맥이 전 세계에서 다른 모든 버거보다 월등히 맛있다고 대중적으로 평판이 나서 성공했다고 생각하는 사람은 아무도 없을 것이다. 실제로 미국 〈워싱턴 포스트〉와 〈컨슈머 리포트〉가 2021년에 공동 발표한 '미국 소비자들이 평가한 패스트푸드 체인들의 햄버거 맛' 평가에 따르면 많은 버거 브랜드 중 맥도날드가 21위로 최하위를 기록했다. 물론 '빅맥'을 직접적으로 평가한 것은 아니지만 맥도날드의 버거 맛 순위는 경쟁사와 비교해 처참한 수준이다.

그렇다면 버거의 비주얼이 압도적으로 훌륭해서 성공

을 거두었을까? 그것도 아닐 것이다. 빅맥은 다른 버거에 흔히 들어가는 토마토나 베이컨도 들어가지 않는 밋밋한 비주얼을 가지고 있다. 따라서 비주얼로 차별화할 수 있는 포인트는 없다. 이 외에 다른 여러 가지 요인을 분석해보면 합리적인 가격이나 홍보 같은 것들이 있을 것이다. 하지만 빅맥 성공의 가장 중요한 요인은 기획이다. 빅맥이야말로 철저한 기획으로 완성된 메뉴이다.

지금은 아니지만, 처음 출시될 때 빅맥은 블루칼라 노동자들을 위한 테이크아웃 메뉴였다. 당시에는 노동자들이 지친 몸을 이끌고 점심으로 햄버거를 테이크아웃해서 먹는 풍경을 쉽사리 볼 수 있었다. 그런데 햄버거를 한 개만 먹기에는 양이 적고, 두 개를 먹자니 너무 많다고 여기는 고객이 많았다. 이러한 고객 반응을 보고 이른바 '곱빼기 햄버거'를 처음 만들어 판매한 것이 바로 빅맥의 시작이었다(당시에는 더블버거라는 개념이 없었다). '어떻게 하면 햄버거를 맛있게 만들지?'라는 고민이 아닌 '햄버거를 먹는 사람들이 진정으로 원하는 게 무엇일까?'라는 질문에서 시작된 기획이 빅맥을 탄생시킨 것이다.

여기서 또 하나 중요한 포인트가 있다. 빅맥을 기획해

서 출시할 당시 기존에 있는 햄버거의 재료를 그대로 사용했을 뿐, 새로운 재료도 새로운 조리 방법도 적용하지 않았다는 점이다. 기존 햄버거에 들어가던 패티와 빵을 한 장씩 더 올린 것이 전부다. 오직 고객이 필요한 것이 무엇일까에 대한 답에서 찾은 기획만으로 세계적인 메뉴를 만들어낸 것이다. 빅맥을 기획한 짐 델리가티Jim Delligatti의 인터뷰 답변을 보면 이를 확인할 수 있다.

"이건 전구를 발견한 것과 다릅니다. 전구는 이미 있었고 내가 한 일은 전구를 소켓에서 돌린 것뿐입니다. This wasn't like discovering the light bulb. The bulb was already there. All I did was screw it in the socket."

새로운 재료나 설비가 쓰이지도 않았고, 엄청난 조리 기술이 필요하지도 않았고, 스페셜 소스가 사용되지도 않았다(맥도날드는 여전히 스페셜 소스라고 주장하고 있다). 그런데도 고객의 니즈를 파악한 기획을 통해 세계 경제지표로도 쓰이는 메뉴가 탄생했다. 물론 이후로 많은 투자와 홍보 등이 이루어져 오늘날에 이르렀지만, 팔리는 메뉴를 처음 기획할 때 뭔가 거창한 것이 있어야만 가능한 것은 아니다.

한가지 예를 더 들어보자. 치킨 공화국이라 불리는 대한민국에서 늘 상위 1~2위를 차지하는 브랜드가 BBQ 치킨이다. BBQ 치킨의 대표 메뉴는 무엇일까? 여러 가지 메뉴가 있지만 2005년도에 출시된 황금올리브치킨이 대표 상품이다.

이 황금올리브치킨을 시작으로 황금올리브치킨 반반, 황금올리브닭다리, 황금올리브닭똥집 등 다양한 메뉴들이 생겼다. 모두 황금올리브치킨에서 파생된 메뉴들이다. 이 메뉴들의 맛이 타사 치킨보다 월등하게 뛰어날까? 가성비가 좋을까? 비주얼이 압도적일까? 아닐 것이다.

그렇다면 황금올리브치킨은 어떤 기획으로 탄생했을까? 2000년대 초반은 '안티 패스트푸드' 열풍이 불었던 시기이다. '기름에 튀긴 음식은 몸에 좋지 않다!', '몸에 좋은 음식을 먹자!', '튀긴 음식을 몰아내자!' 각종 매체를 통해 이렇게 주장하는 목소리가 커진 시기였다.

여기서 황금올리브치킨 기획의 포인트가 있다. 사람

들이 지금 무슨 생각을 하는지, 어떤 고민이 있고, 어떤 것을 원하는가 등을 고민하고 상품과 연관성을 만들어 사람들이 관심 갖도록 만든 것이 포인트이다. 아마 당시 많은 치킨 브랜드 회사가 대중이 기름에 튀긴 음식을 멀리하니 치킨 매출이 떨어지겠다고 생각했을 것이다. BBQ 치킨이 고민한 것이 바로 이것일 것이다. '기름에 튀긴 치킨을 어떻게 몸에 좋게 만들까? 혹은 몸에 좋아 보이도록 할까?' 다시 한번 강조하지만 바로 여기가 출발선이 되어야 한다. 다음 그림을 보면 어떤 순서로 기획이 황금올리브치킨 메뉴로 탄생했는지 파악할 수 있다.

황금올리브치킨

올리브 오일로 치킨을 튀기기?

몸에 좋은 올리브 오일?

몸에 좋은 기름은 없을까?

기름이 몸에 좋지 않다.

01
02
03
04

빅맥이나 황금올리브치킨이나 기존 메뉴에서 크게 달라진 것은 없다. 빅맥은 좀 더 큰 햄버거를 원하는 사람들을 위해 기존에 쓰던 패티와 빵을 한 장씩 더 올리고, 이에 어울리는 소스를 뿌린 것뿐이다. 황금올리브치킨은 기름에 튀긴 치킨을 원하지 않는 사람들을 위해 일반 식용유가 아닌 몸에 좋다고 여기는 올리브오일에 튀긴 치킨으로 변경한 것이 전부다.

이 외에도 특별한 투자 없이 새로운 기획만으로 베스트셀러 상품을 개발한 사례는 책 한 권을 쓸 수 있을 만큼 허다하다. '고객이 진정 원하는 것이 무엇일까?'라는 고민에서 시작된 기획이 성공의 기본이 되는 것이다. 기획은 화려할 필요가 없다. 사람들이 사진을 찍어 인스타그램에 올릴 만한 메뉴를 만들 필요도 없다. 고객이 원하는 것을 기본으로 생각한 기획! 이것만으로도 분명히 잘 팔 수 있다.

상품에 스토리텔링을 입혀라

―――――•◦◦◦ ● ◦◦••―――――

기획을 통해 고객이 원하는 상품을 만들어 낼 수 있다. 그런데 상품이 더 매력적으로 보이게 꾸미기 위해서는 상품 자체에 스토리텔링이 필요하다. 좋은 상품을 힘들게 만들어 검은 비닐봉지에 담아 판매할 수는 없지 않은가? 따라서 좋은 상품을 좋다고 표현할 스토리텔링이라는 포장지가 필요하다. 그렇다면 상품을 어떻게 포장해야 할까? 상품을 스토리텔링하는 방법은 대략 다섯 가지로 나눌 수 있다.

1. 원재료에 대한 스토리텔링
2. 만드는 법에 대한 스토리텔링
3. 만드는 사람에 대한 스토리텔링
4. 상품의 유래에 대한 스토리텔링
5. 즐기는 방법에 대한 스토리텔링

이 다섯 가지 방법에 대해 자세히 알아보자.

1. 원재료에 대한 스토리텔링

이마트, 롯데마트, 하나로마트 같은 대형마트에 가면 바닷가에서 갓 채취한 미역을 양손에 가득 들고 환하게 웃는 어민의 사진을 현수막으로 본 적이 있을 것이다. 현수막에는 기장에서 직접 채취한 미역이라는 큰 글씨도 함께 적혀있다. 미역뿐만 아니라 무안 양파, 강원도 감자, 벌교 꼬막, 진도 대파 등 종류도 다양하다.

이것이 원재료에 대한 스토리텔링 방식 중 가장 기본이다. 상품의 원산지, 생산자, 효능 등을 부각하여 차별성을 어필하는 것이다. 대형마트는 이러한 현수막을 이용해 자신들은 중간 공정을 많이 거치지 않고 원산지에 직접 가서 확인한 현지 생산품을 그대로를 판매한다고 고객에게 이야기하는 것이다.

대형마트뿐만 아니라 일반 음식점에서도 비슷한 내용의 포스터를 얼마든지 볼 수 있다. 예를 들어 제주 돼지고기는 일반 돼지고기보다 맛과 식감이 탁월하다는 다소 추상적인 효능을 쉽게 접할 수 있다. 이처럼 원재료에 대한 기획으로 차별화를 줄 수 있다. 다만 요즘은 너무나 흔하게 행하는 방식이라 차별화를 주기 위해서는 좀 더 세심하게 기획할 필요가 있다.

2. 만드는 법에 대한 스토리텔링

2000년대 후반, 내가 호주에서 유학하던 시절에 근무했던 스테이크 레스토랑이 있다. 그곳의 메인 슬로건은 '18 Hours Slow cook Steak' 즉, 18시간 동안 천천히 조리한 스테이크였다.

일반적인 스테이크는 생고기를 뜨겁게 달구어진 팬이나 그릴에 올려 겉면의 단백질을 잽싸게 응고시킨다.

그리고 마이야르 반응Maillard reaction[8]을 일으켜 고기의 고소함을 유지하고 내부의 육즙을 가두는 방식으로 조리된다.

하지만 내가 근무하던 레스토랑은 고기를 오븐에 넣고 18시간 동안 저온으로 조리하는 오븐 수비드[9] 방식을 이용했다. 이렇게 조리하면 고기 내부의 섬유질이 다 쪼개져 일반적인 스테이크보다 육질이 더 부드러워진다.

레스토랑은 이러한 스토리를 전면으로 내세워 일반적인 스테이크와 다르다고 어필한 것이다. 국내 음식점 중에서도 '15시간 동안 가마솥에 끓인 사골 육수', '손으로 직접 빚은 수제비'라며 조리법의 차별화를 어필하는 것을 보았을 것이다. 하지만 아쉽게도 이러한 스토리는 이미 누군가가 사용하고 있는 경우가 많아 딱히 차별점이 느껴지지는 않는다.

---

8 스테이크가 고온에서 조리되면 단백질의 아미노산과 함께 존재하는 당분이 열에 의해 염소화되어 색이 갈색으로 변하면서 특유의 맛과 향을 형성한다. 이 반응은 고기의 품질과 맛을 높인다.

9 식재료를 저온에서 장시간 조리함으로써 영양소와 풍미 손실을 최소화하는 요리법이다.

3. 만드는 사람에 대한 스토리텔링

'미슐랭 스타 레스토랑 출신의 셰프가 만드는 돈가스'

'5대째 화교가 만드는 짜장면'

'80세 할머니가 만드는 떡볶이'

'연세 지긋한 할아버지가 만드는 크레이프crepe[10]'

'한국말을 잘하는 튀르키예 아저씨가 만들어주는 케밥(혹은 아이스크림)'

이러한 것들이 바로 만드는 사람에 대한 스토리텔링이다. 다른 사람은 흉내 내기 어려운 경험이 풍부한 전문가가 만드는 메뉴, 정감 있는 어르신이 만들어주는 이색적인 음식, 우리나라와 친숙한 외국인이 만들어주는 메뉴라는 것을 어필하여 상품의 매력을 더하는 것이다.

4. 상품의 유래에 대한 스토리텔링

지금은 인기가 예전 같지 않지만, 미국의 신발 브랜드인 탐스TOMS는 특별한 창업 이야기를 가지고 있다. 창업

---

10 우리나라에서는 알파벳을 그대로 읽어 '크레페'라 부르는 경우가 많은데 이는 잘못된 발음이다.

자인 블레이크 마이코스키Blake Mycoskie는 2006년 아르헨티나를 여행하던 중, 현지 자선 단체에서 신발이 필요한 아이들을 만난 경험에서 영감을 받았다.

그 경험을 바탕으로 'One for One', 우리나라로 하면 1+1이라는 사회적 사업 모델을 기반으로 신발 한 켤레를 판매할 때마다 전 세계 신발이 필요한 어린이들에게 한 켤레를 기부하는 방식으로 기업이 탄생했다. 또 이러한 가치를 높이기 위해 신발을 만드는 데 친환경적인 재료를 사용하고, 신발 생산 과정에서 사회적 책임을 다하는 제조 업체와 협력하여 사업을 성장시켰다.

이밖에도 실수로 된장에 빠뜨린 생닭을 며칠 후에 발견했는데, 버리기 아까워 오븐에 구워 먹었더니 맛이 좋아 메뉴로 만들었다는 이야기도 있다. 이것 또한 메뉴 스토리텔링으로 좋은 사례이다.

5. 즐기는 방법에 대한 스토리텔링

일본 아이치현 나고야의 명물 음식으로 '히쯔마부시'라는 장어덮밥이 있다. 히쯔마부시는 '히쯔'라고 불리는 나무 그릇에 장어덮밥이 나온다는 의미이다. 개인적으로 인생 최고의 장어덮밥이라고 할 만큼 맛이 매우 훌륭한데, 이 음식이 유명한 데는 먹는 방법이 한몫한다.

내가 직접 다녀온 장어덮밥 전문점은 문을 연 지 90년이 넘은 곳으로 연세가 지긋하신 할머님이 오셔서 먹는 방법을 직접 안내해준다. 덮밥의 4분의 1은 그릇에 조금 덜어 그 자체의 맛을 즐기고, 4분의 1은 장어 소스를 뿌려 먹고, 4분의 1은 고추냉이를 조금 넣어 잘 섞어서 먹고, 마지막 4분의 1은 녹차를 부어 오차즈케[11] 식으로 먹는 것이다.

요즘은 음식점에서 '먹는 방법'이 적힌 안내문을 쉽게 접할 수 있다. 그중에는 특별하지도 않은 '먹는 방법'을 인위적으로 만들어낸 곳이 종종 있다. 하지만 고객이 특별하고 의미 있다고 생각할 정도의 먹는 방법이어야 매력 있는 스토리텔링이 될 수 있다.

상품을 스토리텔링하는 다섯 가지 방법을 살펴보았는데 이 중 몇 가지는 이미 적용하고 있는 곳들도 많을 것이다. 하지만 스토리가 매력적으로 보이기 위해서는 '하

---

11 쌀밥에 따뜻한 녹차를 부어 여러 가지 고명을 얹어 먹는 일본의 식문화

는 것'보다 '매력적으로 만드는 것'이 중요하다. 스토리를 매력적으로 잡기 위해서는 의외의 것들, 남들이 하지 않는 것들을 결합해야 한다.

누군가가 흔하게 하고 있지 않은 것을 찾는 것이 중요하다. 또 형식적으로 '맛있게 먹는 방법'이라고 적은 안내문은 아무런 매력도 느껴지지 않는다. '순댓국의 효능' 같은 것도 아무런 의미가 없다. 내가 판매하는 상품이 무엇이든 다섯 가지 중 하나를 골라 매력적인 스토리를 만든다면 충분히 차별화된 상품을 만들 수 있다.

스토리의 완성은 네이밍으로

———•◦◦◦ ● ◦◦◦•———

사업을 시작할 때 상호나 상품의 네이밍을 꽤 중요하게 여겨 오랜 기간 고민한 후 신중하게 결정하는 사람이 있다. 반면 네이밍을 그다지 중요하게 여기지 않는 사람도 있다.

네이밍이 중요하다고 주장하는 사람들의 의견을 종합하면 네이밍에 브랜드의 정체성을 담을 수 있다고 말한다. 내 자식 같은 사업장과 상품의 이름을 어떻게 대충 짓는단 말인가? 앞으로 나의 인생을 함께할 사업의 이름을 최대한 심사숙고하여 결정한다.

반면 네이밍이 중요하지 않다고 여기는 사람들은 네이밍이 매출에 전혀 영향을 미치지 않는다고 주장한다. 세련되고, 의미 있고, 고급스러운 네이밍으로 장사를 죽쑤고 있는 경우가 허다하다는 것이다. 반면 아무 신경도 쓰지 않은 듯한 이름으로 큰 성공을 거둔 경우도 많으므로 네이밍은 사업에 큰 의미가 없다고 말한다.

네이밍은 중요할까 중요하지 않을까? 이에 대해서는 분명하게 말할 수 있다. 네이밍은 중요하다. 다만, 네이밍을 할 때 중요한 부분과 그다지 중요하지 않은 부분을 구분해야 한다. 하지만 안타깝게도 내가 직접 만나본 사장님들 대부분은 정작 중요한 부분을 중요하지 않게 여기고, 중요하지 않은 부분을 중요하게 여겼다. 이는 네이밍의 의미를 제대로 이해하지 못한 것이다.

노자의 《도덕경》을 마케팅으로 해석한 최초의 책이라고 평가받는 이용찬 교수의 《노자 마케팅》에서는 노자의 말을 빌려 '세상 모든 만물은 이름에서부터 그 의미가 시작된다'라고 주장한다.

세계에서 제일 많이 팔린 책인 《성경》의 첫 장, 창세기에도 '아담이 모든 가축과 공중의 새와 들의 모든 짐승에게 이름을 주니라(창세기 2장 20절)'라고 나온다. 인류 최초의 인간이 제일 처음에 한 일이 짐승의 이름을 짓는 일이었다는 뜻인데, 하물며 내 사업의 네이밍이 중요하지 않을까?

노자와 성경의 이야기는 차치하더라도 이름이야말로 고객이 내 **브랜드를 맞이하는 첫인상**이기 때문에 중요할 수밖에 없다. 소개팅이든 거래처와의 미팅이든 어디를 가고 누구를 만나든 첫인상의 중요성은 누구나 알고 있다. 첫인상만으로 누군가에게 좋은 이미지를 심어줄 수도 있고, 혹은 안 좋은 이미지를 심어줄 수도 있고, 심지어 편견까지 심어줄 수도 있다. 이것이 네이밍이 가진 위력이다.

그렇다면 네이밍을 할 때 중요한 것과 중요하지 않는 것은 무엇일까?

먼저 중요한 것은 네이밍이 복잡하지 않고 심플해야 한다는 것이다. 간혹 어떤 사람은 네이밍을 너무 중요하게 여긴 나머지 이름에 지나치게 많은 의미를 부여하기도 한다. 그래서 결국 아무도 이해할 수 없는 겉멋만 잔

뜩 들어간 이름이 탄생하는 일이 있다.

일전에 한 기관에서 예비 창업자를 대상으로 하는 컨설팅을 해달라는 의뢰를 받았다. 그곳에서 상담을 하던 중 상호를 '3Fe米'라고 짓는다며 자랑스럽게 상호의 의미를 나에게 설명한 분들이 있었다.

과연 사람들이 이 상호를 처음 보고 어떻게 생각할까? 의미가 무엇이든 간에 처음 보는 사람들은 전혀 관심을 두지 않을 이름이다. 심지어 뭐라고 읽어야 할지도 모르겠다. 이처럼 자기만족을 위한 네이밍은 아무도 관심을 가지지 않는다.

자기만의 의미 부여로 정작 고객들은 전혀 그 의미를 알 수 없는 상호들이 어디 이뿐인가? 무슨 뜻인지 알 수도 없고 관심도 없는 외래어로 이름이 지어진 카페들이 얼마나 많은가? 이렇게 첫인상에 고객에게 알 수 없는 이름을 알려주면 고객들은 다른 곳으로 가버린다. 의미 부여는 고객에게 노출된 그다음 문제다.

이쯤에서 '3Fe米'가 무슨 뜻인지 공개하겠다. 3은 '세 명', Fe(철의 원소기호)는 '철판', 米는 '쌀' 즉, 세 명의 젊은 셰프가 운영하는 좋은 쌀을 쓰는 철판볶음밥 집이라는 의미다. 이런 식이면 장수의 의미를 내포한 '김수한무 거북이와두루미삼천갑자동방삭'과 무엇이 다른가? 깊은 의미보다는 심플하게 전달하는 것이 먼저다.

반면 네이밍이 중요하지 않다고 여기는 사람들의 주장도 분명 일리는 있다. 장난스럽게 지은 듯한 이름으로 사업이 성장하는 경우는 얼마든지 있다.

'봉구스밥버거'가 한때 전국적으로 1400개까지 매장이 생겼다는 사실은 많은 것을 의미한다. '김밥천국'은 어떠한가? 빽다방, 순살만공격, 빵꾸똥꾸 문구야, 육회왕자 연어공주 등등 예시는 얼마든지 들 수 있다. 물론 그렇지는 않겠지만 네이밍에 큰 노력을 들이지 않은 듯한 느낌을 받을 수도 있다. 과연 그럴까?

이 브랜드들이야말로 네이밍의 중요성을 누구보다 잘 이해하고 지은 이름이다. 네이밍을 할 때 중요한 것은 겉멋이 아니라 내 브랜드가 하고자 하는 것을 고객이 생각하지 않아도 단번에 알 수 있게 하는 것이다. 앞서 나열한 브랜드 이름은 다소 장난스러워 보일 수 있지만, 이름만 봐도 무엇을 파는 사업인지를 한 번에 알 수 있다는 것이다.

156

네이밍이 중요하지 않다고 주장하는 사람들이 보여주는 예시야말로 네이밍의 중요성을 누구보다 잘 알고 지은 이름이다. 물론 이런 종류의 직관적이지만 약간은 장난스러운 네이밍으로도 사업을 키워나갈 수 있다. 하지만 여기에는 분명한 한계가 존재하는데, 바로 사업의 고급화가 어렵다는 것이다. 이미 고객에게 인식되어버린 이름으로는 다른 이미지를 표현하기란 쉽지 않다. 장난스러운 상호를 가진 고급화된 브랜드를 찾아보기 힘든 것이 그 이유이다.

그렇다면 이상적인 네이밍은 어떤 것일까? 어느 정도는 직관적이고, 어렵지 않고, 멋과 이야기가 있어서 고객이 브랜드명을 듣고 그 의미를 자연스럽게 알 수 있는 이름이다. 반대로 의미도 없고, 겉멋도 없고, 심지어 무엇을 파는지도 모르겠다면 단연 최악의 네이밍이다.

매력적인 네이밍 방법

———•◦◦○ ● ○◦◦•———

　요즘은 TV보다 유튜브 같은 매체를 통해 숨겨진 고수들의 맛집이 소개되는 경우가 많다.

　'30년 넘게 탕수육을 특별한 방법으로 튀긴 지역의 숨은 맛집'
　'다른 곳보다 김밥 재료가 두 배는 넘게 들어가 밥은 잘 보이지도 않는 김밥집'
　'1인당 2만 원이면 더 못 먹을 때까지 안주를 계속 내주는 선술집'

그동안 대중에게 잘 노출되지 않은 숨은 맛집들이 유튜브를 통해 조금씩 소개되고 있다. 물론 광고인 경우도 있다. 하지만 광고가 아닌 진짜 가보고 싶은 맛집이 소개될 때면 '이런 좋은 곳이 왜 이제야 노출되는 것일까?'라는 의문을 품기 마련이다.

지역의 맛집으로는 진작 소개가 되고, 사람들의 입소문을 통해 당연히 유명하고 장사도 잘되는 집이어야 하는데 30년이 흐른 뒤에야 SNS 등을 통해 소개된 것이 아쉬울 따름이다.

이렇게 된 이유는 여러 가지가 있겠지만 장기간 드러나지 않은 숨겨진 맛집에는 몇 가지 공통점이 있다. 그중 한 가지는 판매하는 메뉴가 특별함에도 이름이 다소 밋밋하다는 점이다.

예를 하나 들어보자. 일전에 방문했던 탕수육 전문점에서는 탕수육을 위한 고기를 준비할 때도 노력을 많이 한다. 고기를 연하게 만들기 위해 과일과 술에 하루를 재운 후 사용한다. 또 튀김옷을 더 바삭하고 고소하게 만들기 위해 전분물에 녹인 버터를 첨가하여 반죽을 만든다. 이렇게 큰 노력을 기울임에도 불구하고 메뉴 이름은 그냥 '탕수육'이다.

선술집을 예로 들면 샐러드, 수육, 삶은 꼬막, 모듬전, 조개탕, 모듬회, 떡볶이, 가락국수, 과일, 디저트 등이 구성으로 나오는데 메뉴 이름은 그냥 '2만 원 한 상'이다. 이미 다른 메뉴보다 충분히 차별화된 요소를 가지고 있음에도 다른 곳과 같은 싸구려 포장지로 포장하기 때문에 상품의 가치가 전혀 느껴지지 않는 것이다.

고객들이 상품의 매력을 충분히 느끼게 하기 위해서는 그 상품이 가지고 있는 특징을 네이밍으로 정확히 표현하는 것이 좋다. 상품 대부분은 그게 무엇이든 사람들이 기본적으로 가지는 '인식'이 있기 때문이다. '탕수육은 이런 음식이다', '김밥은 이렇게 생겼다', '2만 원 한 상이면 이 정도 나오겠지' 등으로 이미 인식이 잡혀있다. 그러므로 네이밍을 통해 내 상품이 특별하다는 것을 표현해야 한다.

된장찌개를 아무리 맛있게 끓여도 직접 먹어보기 전까지 된장찌개는 그냥 된장찌개다. 그냥 된장찌개와 초당 손두부 한 모를 통으로 넣은 한우 된장찌개 중 어느 것이 선호도가 더 높을까? 2만 원 한 상과 20만 원 같은

2만 원 한 상 중 어느 것을 택할까? 그냥 '탕수육'이 아니라 '버터 먹은 두 배 더 고소한 탕수육'이라면 사람들이 더 매력적으로 느끼지 않을까?

고급 레스토랑에 가면 이런 설명이 적힌 메뉴판을 볼 수 있다.

'24개월 미만 어린 송아지 안심 스테이크에 버터에 구운 유기농 아스파라거스와 강원도 태백 감자로 만든 매쉬드 포테이토를 곁들인 메뉴'
'엑스트라 버진 블랙 트러플오일과 신선한 바질이 어우러지고 크림소스로 맛있게 향을 낸 페투치니 파스타'

물론 이 정도로까지 메뉴를 적을 필요는 없다. 하지만 최소한 고객이 메뉴명을 보면 어떤 음식인지 충분히 상상할 수 있어야 한다.

윌리엄 시트웰이 쓴《외식의 역사》를 보면 '어떤 음식을 묘사하는 데 동일한 음식이라도 평균 길이보다 글자 하나가 더 늘어날수록 음식값이 평균 18센트(약 250원) 더 바싸진다'라고 한다. 글자 하나가 더 늘어날수록 고객은 자신이 접할 음식의 비주얼을 머릿속으로 자세히 그리게 된다. 만약 그 음식이 일반적으로 내 인식 속에 있는 비슷한 음식보다 더 고급스럽게 그려진다면 기꺼이 가격을 더 낼 타당한 이유가 되는 것이다.

반면 네이밍을 할 때 주의해야 할 점도 있다. 설명을 늘리고자 형용사를 많이 쓸수록 오히려 음식값이 단어당 9% 정도 낮아진다는 것이다. 맛있는, 고소한, 달콤한, 풍미 가득한 같은 단어들이 그 예이다.

메뉴의 이름을 정할 때 형용사를 쓰는 이유는 '구체적인 특성이 없다는 부족함을 은폐하기 위해 모호하고 긍정적인 단어를 쓴다'라고 한다. 즉, 구체적이고 누구나 상상할 수 있는 단어가 아닌 모호한 형용사를 쓰는 이유가 딱히 차별화가 없는 상품을 긍정적으로 포장하기 위해서라는 것이다. 하지만 이는 고객도 무의식중에 느낀다.

여기에 더해 많이 쓰이지만 개인적으로는 추천하지 않는 단어들이 있다. 바로 '특제 소스'와 '수제' 같은 단어들이다. 이 단어들도 형용사와 크게 다르지 않다. 대한민국에는 음식점 수만큼의 특제 소스가 존재한다는 것이

나의 지론이다. 도대체 뭐가 다르기에 특제 소스라고 하는 것일까? 특제 소스가 왜 특제 소스인지를 구체적으로 표현하는 것이 진짜 특제 소스임을 증명하는 방법이다.

네이밍에 대해 정리해보자. 메뉴 네이밍 과정에서는 이름만 들어도 메뉴의 차별화된 특성을 한번에 느낄 수 있어야 한다. 또 모호한 형용사(맛있는, 고소한, 향긋한 등)를 최대한 배제해야 한다. 지금 내가 파는 메뉴의 이름이 추상적이지는 않은지, 형용사는 얼마나 쓰여있고, 고유한 특징을 얼마나 잘 표현하고 있는지 다시 한번 고민하고 생각해보길 바란다. 다음 메뉴 이름 중 어떤 쪽이 더 매력적인가?

하노이 대왕랍스터볶음밥 VS 태국식 볶음밥
트러플 직화 스테이크짜장면 VS 직화 짜장면
강릉 초당손두부청국장 VS 청국장

나와 우리 팀원들이 리브랜딩 작업을 할 때 초반에 하는 작업 중 하나가 바로 네이밍이다. 회의를 통해 브랜드가 가지고 있는 신념을 찾고, 가고자 하는 방향을 정하고, 네이밍을 완성한다. 나머지 현장에서 해야 할 일들은 이름을 염두에 두고 진행해야 일이 산으로 가는 일을 방지할 수 있다. 위치적 한계와 여러 가지 어려움을 네이밍으로 확실한 브랜드를 구축해 극복한 사례를 하나 소개하고자 한다.

부산 기장군의 해안도로 끝자락에 직화 생선구이 전문점이 하나 있었다. 기장 해안도로라는 관광지의 이점을 살려 바다를 보며 숯불로 생선을 구워주면 관광객들이 찾아주겠지라는 생각으로 장사를 시작한 집이다.

하지만 사업이란 게 늘 그렇듯 뜻대로 흘러가지 않았다. 우선 관광지이고 해안도로라고는 하지만 매장이 드라이브 코스 끝자락에 위치하여 유입되는 인구는 많지만 대부분 잠시 차에서 내려 사진만 찍고 이내 돌아가는 장소에 있었다.

더욱이 불과 200~300m 거리에 각종 생선구이, 횟집, 장어구이, 카페 등이 밀집한 먹자골목이 형성되어 있었는데, 이 생선구이 집은 그곳과 동떨어져 있었다. 해변이 눈앞에 보이는 매장이라고는 하지만 위치의 이점을 전혀 살리지 못하는 상황이었다. 이에 장점과 단점을 파악하고 이 매장의 신념을 찾는 작업을 진행했다.

신념 찾기 자가 점검표

1. 우리는 누구인가?

   부산 기장 해안도로 끝자락에 위치한 생선구이 전문점

2. 우리가 가진 것은 무엇인가?

   바다가 한눈에 보이는 널찍한 통창이 있다.

   바닷길이 훤하게 보이는 옥상을 사용할 수 있다.

   매장 앞에 넓은 마당, 넓은 주차장, 관광 코스인 드라마 촬영

   세트장이 있다.

3. 우리는 무엇을 하고 있는가?

   숯불 생선구이를 팔고 있고, 마당과 옥상은 쓰이지 않고

   있다.

---

4. 우리가 가진 특별함은 무엇인가?

다른 매장은 가질 수 없는 뷰 포인트

여유 있는 공간

독채로 쓰이는 내외부의 여유로움

5. 우리가 하고 싶은 것은 무엇인가?

바닷가에 여행 온 관광객들에게 편안한 쉼터가 되고 싶다

(무엇을 팔든 상관없다).

6. 우리가 할 수 있는 것은 무엇인가?

사람들이 와서 사진을 찍을 수 있는 다양한 뷰 포인트가

있다.

널찍한 공간을 활용하여 가족, 애완동물 동반 등 고객층에

제약이 없다.

다양하게 활용할 수 있는 공간을 제공할 수 있다.

7. 우리의 약점이나 부족한 점은 무엇인가?

매출에 비해 일하는 인원이 너무 많다.

조리를 전문으로 해본 경험자가 없다.

8. 우리가 잘하는 것은 무엇인가?

고객의 눈을 보며 고객에게 필요한 것을 알아차릴 수 있는

센스와 응대, 온라인마케팅에서의 강점이 있다.

관광지이긴 하지만 고객과 소통하여 단골을 만들 수 있는

능력이 있다.

장점과 단점이 명확해졌다. 여행객들이 관광지 끝자락에 와서 잠시 들렀다 가는 장소라면 가까운 먹자골목을 두고 무거운 식사인 숯불 생선구이를 선택할 확률은 적었다. 무거운 식사보다는 관광지에 가야만 먹을 수 있는 가벼운 간식 같은 것이 적합할 듯했다.

인근 먹자골목에는 없지만 기장에서만 먹을 수 있는 아이템, 그리고 무겁지 않은 대중적이고 간편한 메뉴를 만들자고 의견이 모였다. 간편하고 대중적이지만 객단가를 최대한 높일 수 있는 수제 버거와 커피를 아이템으로 정했다. 가족들도, 연인들도, 관광객들도 가볍게

와서 수제 버거와 커피 정도는 이용할 수 있을 것으로 판단했다.

　바로 네이밍 작업에 착수했다. '기장'하면 떠오르는 단어와 특산물들을 나열하기 시작했다. 멸치, 미역, 철마 한우, 붕장어 등 아이디어가 많이 나왔다. 하지만 수제 버거와 매칭하기에는 전부 이질감이 있고, 고급스럽게 표현하는 데도 한계가 있었다. 그래서 기장의 대표 특산물인 멸치를 이탈리아산 멸치인 엔쵸비anchovy로 표기하기로 했다. 그리고 상호는 엔쵸비 버거와 엔쵸비 블루스, 둘 중에 고민하다 최종적으로 '엔쵸비 블루스'라고 확정하여 브랜드를 만들었다.

　엔쵸비 버거라는 상호를 선택하지 않은 이유는 매장이 관광지의 드라이브 코스 끝자락에 있기 때문이다. 그곳에서 잠시 쉬어가기 위해 커피와 음료를 원하는 고객 수요가 많을 것으로 판단했다. 상호를 '엔쵸비 버거'라고 하면 순간 햄버거집이라는 카테고리에 갇히게 된다. 하지만 '엔쵸비 블루스'로 할 경우 고급 커피 전문점에서 고급 수제 버거도 판다는 이미지를 줄 수 있다. 만약 매장이 번화가에 있었다면 상호를 엔쵸비 버거로 정했을 것이다.

168

결국 커피 전문점과 수제 버거의 이미지를 한번에 전달하기 위해 상호를 엔쵸비 블루스라고 정한 것이다. 그리고 기장에서만 먹을 수 있다는 점을 강조하기 위해 상호에 들어가는 엔쵸비 즉, 멸치와 어울리는 메뉴를 만들었다. 기장 멸치를 이용한 엔쵸비 크림소스를 만들어서 버거에 양껏 사용한 것이다. 또 '블루스 오리지널 버거', '리얼쉬림프 씨푸드 버거' 등 바닷가가 연상되는 버거를 네 개만 만들되 어느 수제 버거보다 비주얼이 좋고 고급스럽게 만들었다.

그러자 관광지 끝자락에 독채로 운영되는 '엔쵸비 블루스'에는 잠시 들러 여유로운 공간과 특별한 음식을 즐기는 사람들로 북적이기 시작했다. 숯불에 힘들게 생선을 구워도 인건비도 안 나오던 매장이 이제는 기장에 오는 관광객뿐만 아니라 부산 시민들도 일부러 찾아오는 수제 버거 전문 카페가 되었다.

엔쵸비 블루스 외관

엔쵸비 블루스 수제 버거

Chapter

결국에는 성공할
수밖에 없는 방법

네이밍은 어떻게
입소문을 타는가

—·∘∘∘ ● ∘∘∘·—

　몇 년 전에 친한 친구로부터 전화가 왔다. 고등학교 동창인 현식이가 결혼한다는 소식이었다.

　"현식이? 현식이가 누구지?"

　현식이라는 친구가 도무지 기억나지 않았다. 친구에게 다시 전화를 걸어 현식이가 몇 학년 때 동창인지, 나와 같은 반인 적이 있는지 물었다. 그때 친구 녀석이 한 말 한마디에 현식이에 대한 모든 기억이 떠올랐다.

　"현식이, 있잖아. 1학년 3반 개밥그릇 기억 안 나?"

　개밥그릇, 이 별명 한 단어가 고등학교 때의 나를 소환

했다. 그제야 현식이 아니 개밥그릇의 얼굴, 말투, 성격, 추억들이 떠올랐다. 물론 내 기억력이 좋지 않은 것이 주원인이겠으나 개밥그릇이라는 별명이 없었다면 아마 결혼식에 참석하지 않았을 수도 있다.

생각해보니 학창 시절에 별명이 없던 친구들은 유독 더 기억이 나질 않는다. 이 말을 다시 표현하면 별명이 없다는 말은 존재감이 없다는 뜻이기도 하다. 나만 이런 것일까? 사람들은 보통 이름보다는 별명으로 더 쉽게 기억한다. 사람, 사업, 상품, 서비스 등도 마찬가지다. 이름을 알리고 싶으면 본래의 이름보다 불리고 싶은 별명을 미리 만들어서 사람들이 그 별명을 부르게 만들어야 한다. 그 별명을 요즘에는 페르소나 혹은 부캐라고 부르기도 한다.

이와 관련된 사례를 하나 들어보자. 대한민국 국민 MC인 유재석을 모르는 사람은 없다. 그 자체가 훌륭한 이름이고 브랜드이다. 그런데도 유재석은 끊임없이 자신의 부캐를 만들었다. 그가 한창 트로트 가수로 활동할 때는 '유산슬'이라는 부캐로 불렸고 유재석이라는 이름은 거부했다. 또 기획사 대표로 활동할 때는 '지미 유'라는 부캐로 불렸다. 사람들도 이에 호응하고 즐거워하며 그 부캐와 함께했다.

어느덧 연예계에서 부캐는 유행이 되었다. 개그맨 김대희가 운영하는 150만 유튜브 채널 〈꼰대희〉에서 김대희는 '꼰대희'라는 부캐로 활동한다. 그러면서 가끔 본캐인 김대희 자신을 욕하기도 한다. 모두 그가 김대희인 것을 알지만 요즘은 꼰대희라는 부캐가 더 유명하다. 다나카로 더 유명한 개그맨 김경욱도 본캐보다 부캐로 더 잘 알려진 사례이다.

물론 연예인의 사례가 아닌 다른 사례도 많다. 국민 라면이라고 불리는 신라면은 신라면이라는 이름보다 '사나이 울리는 신라면'으로 더 유명하다. 군대와 러시아에서 선풍적인 인기를 끄는 초코파이는 '정'이라는 별명이 먼저 생각난다.

이처럼 사람들이 쉽게 부를 수 있는 별명이 없는 브랜드는 대중에게 기억되기 어렵다. 앞서 짧게 언급한 노자의 《도덕경》에는 동출이이명同出而異名이라는 말이 나온다. 풀이하면 '한곳에서 나왔으나 이름이 다르다', '하나의 사물에서 다른 이름이 나왔다', 즉 본래 이름과 별개로 별명이라는 것이 있다는 뜻이다.

기억해야 한다. 별명이 없으면 존재감이 없다는 말이고, 사업을 하는 데 존재감이 없다는 것은 끝이라는 뜻이다. 사람들은 내 사업을 생각했을 때 떠오르는 별명이 있어야 한다. 그리고 별명은 브랜드 신념, 네이밍과 반드시 결을 같이해야 한다.

유재석과 유산슬의 차이

별명(부캐)이 얼마나 중요한 것인지는 충분히 이야기했으니 별명을 어떻게 만들어야 하는지 실제 사례로 알아보자.

서울의 한 아파트 단지 내에 있는 10평 남짓한 상가에서, 20대 후반의 사장님이 중국집을 운영하고 있다. 다른 매장은 다 망해 나가는 상황에도 그 사장님은 홀로 월 4000만 원 정도의 매출을 올리는데 자신이 운영하는 중국집의 브랜드를 만들고 싶다고 했다.

그 중국집은 음식을 맛있게 만들 뿐만 아니라, 서비스

도 정성스럽게 해서 주택가에서는 이미 맛집으로 정평이
나 있었다. 이에 고객들의 만족도도 높은 매장이었다.
이 중국집의 주 콘셉트는 일식풍의 중국요리였다. 문제
는 이 특징이 외부적으로나 내부적으로 전혀 드러나지
않는다는 것이었다. 왜 일식풍의 중식인지 일일이 설명
해야 겨우 알 수 있었다. 매장을 찾는 고객 그 누구도 매
장의 콘셉트를 알지 못했지만 음식이 맛있고 서비스가
좋으니 손님들이 찾아오는 매장이었다.

사장님은 사업과 매장을 더 확장하고 싶어 했다. 하지
만 조리하는 사람에 따라 조리법에 차이가 있다는 점,
인테리어와 분위기에도 특별함이 없다는 점, 사람들이
주 콘셉트를 모른다는 점이 문제였다. 음식이 맛있다는
것 외에 고객이 인식하는 특별한 별명이나 특징이 없었
다. 따라서 사업을 확장하기 위해서는 콘셉트와 별명을
만드는 것이 먼저였다. 사장님과 회의한 후에 늘 그렇듯
매장의 장단점, 특징, 할 수 있는 것과 없는 것을 구분하
여 브랜드의 신념을 만들었다. 일반적으로 생각할 수 있
는 중국집의 단점은 다음과 같다.

1. (일식이나 다른 음식에 비해) 지저분하다고 여긴다.

2. 정갈하거나 세련되지 않다.

3. 분위기가 시끄럽고 거칠다.

4. 데이트(소개팅) 장소로 적합하지 않다.

이 중 마지막 문장에 소위 꽂혔다. 데이트 장소로 적합하지 않다? 반대로 중국집을 데이트할 수 있는 분위기로 만들면 새로운 브랜드가 될 수 있다고 판단했다. 브랜드 콘셉트와 별명을 '데이트하고 싶은 중국집'으로 선정하고 모든 것들은 콘셉트와 별명에 맞추었다.

여기에 '일식풍의 중국요리'라는 콘셉트를 살리기 위해 상호를 '하오츠 도쿄(맛있는 도쿄)'라고 정했다. 중국어와 일본어를 조합한 이름으로 고객들의 궁금증을 유발한 것이다. 이제 문제는 데이트하고 싶은 중국집을 만드는 것이다. 우리는 역으로 중국집에서 데이트하고 싶지 않은 이유를 파악해보았다.

1. 공간이 지닌 매력이 없거나 데이트에 어울리지 않는다.

2. 지저분하고 시끄럽다고 여긴다.

3. 일하는 사람이나 주 고객층의 연령대가 높다.

4. 음식이 정갈하기보다는 양이 많고 부담스럽다.

5. 명색이 데이트인데 얼굴에 음식물을 묻히거나 면치기를 하고 싶지 않다.

우리는 이 정도만 해결해도 데이트하고 싶은 중국집을 만들 수 있다고 판단했다. 그리하여 서울대입구역 인근에 있는 10여 평 매장을 임대해 그 공간에 매력을 살리기로 했다.

매장 주변에서 젊은 남녀가 주로 데이트하는 장소들은 어떤 곳인지 검색해보았다. 조용한 장소, 분위기 있는 장소, 시끄러운 장소, 북적이는 장소들을 최대한 많이 찾았다. 그리고 결국 분위기 있는 카페 느낌보다 시끄럽지만 데이트할 수 있는 분위기와 음악, 공간을 연출했다.

중국요리의 특성상 아무리 일식풍이고, 조심스럽게 요리를 해도 어느 정도는 시끄러울 수밖에 없다. 센 화력에 무거운 웍과 기름을 이용하여 볶고 튀기며 조리다

보니 중식 주방에서 조용한 것은 애초에 불가능하다. 그래서 조금은 시끄럽지만 장소에 어울리는 음악과 어둡지만 분위기 있는 조명으로 무드를 잡아 중식이 지닌 특징과 매력은 최대한 유지했다.

작은 매장에서 매력을 극대화하기 위해 고객 앞에서 라이브 쇼를 하듯 요리하여 '중국집은 지저분하다'라는 인식까지 같이 줄여나갔다. 일하는 직원들도 고객들을 의식하며 청결에 신경을 쓰게 되었고, 바로 앞에서 직접 요리를 하니 고객들의 신뢰감도 쌓여갔다. 음식도 일식풍에 맞게 양을 줄이고, 플레이팅에 집중하여 다양한 요리를 조금씩 주문해서 먹을 수 있게 했다. 이후 서울대입구역 근처에서 '데이트하고 싶은 중국집'으로 유명해졌다.

안타깝지만 하오츠 도쿄는 개인 사정으로 최근 문을 닫고 말았다. 장사가 안되어 문을 닫은 경우가 아니라 더욱 아쉽다. 하지만 국내에서는 거의 처음으로 작은 매장의 중국집을 데이트하고 싶은 장소로 만든 케이스이다.

하오츠 도쿄

벤치마킹과 카피

2010년 초반에 숙명여대 근처에 있는 매장을 기획한 적이 있다. 대학생들을 타깃으로 한 초간단 뚝배기알밥 집으로 메뉴당 가격은 3900~5500원으로 구성되었다. 한창 크림생맥주가 유행하던 때라 저녁 시간대에는 저렴하지만 고급스러운 안주와 함께 가벼운 주류도 판매했다.

매장이 오픈하자 밀려드는 손님으로 인해 장사를 제대로 하지 못할 지경에 이르렀고 하루에 약 800인분 정도가 팔렸다. 주변에 있던 10~20년 된 밥집들의 단골 손님까지 우리 매장으로 몰려들었다.

그러자 진풍경이 일어났다. 점심시간이 되면 주위 밥집 사장님들이 고객들이 줄 서있는 우리 매장 앞에 와서 나란히 팔짱을 끼고 손님이 얼마나 오나 뚫어져라 보는 것이었다. 하루는 점심시간이 지난 후에 그 사장님들이 몰려와서 모든 메뉴를 하나씩 다 주문했다. 그러고는 보란 듯이 음식을 해체하며 평가하고, 레시피를 연구하기 시작했다.

일주일 후, 아류 뚝배기알밥이 여기저기서 판매되기 시작했다. 우리 매장의 사장님이 이에 항의하자 다른 사장님들은 정당한 벤치마킹이라고 오히려 역정을 냈다.

한 가지 사례를 더 소개하고자 한다. 나는 20대 중반에 식당을 오픈한 적이 있다. 제주도에 가면 흔히 볼 수 있는 왕갈치조림과 고등어조림 전문점이었다. 매일 새벽 제주도에서 갈치, 고등어, 옥돔, 오분자기 등을 비행기로 받아 매장에서 손질하여 조림, 구이, 탕, 덮밥, 회 등을 팔았다.

가격대가 좀 높았음에도 점심시간에는 늘 빈자리가 없어 손님으로 북적였다. 인근에 있던 낙지전문점, 백반집, 삼겹살집 등은 파리가 날리기 시작했고 역시나 인근 식당 사장님들의 적이 되었다. 그리고 손님을 가장한 사장님들의 레시피 파헤치기가 시작되었다. 옆집 사장님과 친해지고자 반갑게 인사했던 나의 노력은 아무 소용이 없었다.

며칠 후에 우리 식당 근처에 있는 거의 모든 밥집에서 갈치조림과 고등어조림을 팔기 시작했다. 의도치 않게 생선조림 골목이 된 기분이었다. 그 사장님들은 벤치마킹이니 아무런 문제가 없다며 당당한 모습을 보였다.

물론 내가 만든 생선조림이 압도적으로 맛있었기에 전혀 타격을 받지 않았다. 하지만 문제는 이런 일들이 전국에서 맛집이 있는 골목이라면 언제든 발생한다는 사실이다. 왜 이런 일이 비일비재할까?

첫 번째 이유는 운영하는 브랜드에 확고한 신념이 없기 때문이다.

'다른 건 몰라도 삼겹살만으로는 내가 이 동네에서 최고가 될 거야.'

'고기는 거기서 거기지만 양파절임만은 우리 가게가 최고야.'

'음식으로 1등을 할 수 없다면 지나가는 파리가 미끄러질 정도로 위생 하나는 최고가 되겠어.'

'다 모르겠고, 이 동네에서 인사로는 1등이 될 거야. 손님이든 아니든 상관없어.'

이와 같은 확실한 신념이 없기 때문에 다른 식당에서 잘나가는 메뉴로 눈을 돌리게 되는 것이다. 누군가가 잘되면 그 식당의 음식이 맛있어서 잘되는 것이라고 믿고 메뉴만 훔치는 것이다. 그런데 이마저도 제대로 훔치지 못하는 경우가 태반이다.

벤치마킹을 하기 전에 자신이 가진 신념과 핵심을 파악하고, 벤치마킹을 하려는 매장이 가진 신념 또한 파악하는 일이 먼저다. 벤치마킹이란 본래 경쟁업체가 가진 참고할 만한 가치(장점)에서 전략이나 교훈을 찾아내 자신의 브랜드에 적용하는 것이다. 쉽게 말하면 내 브랜드의 정체성은 유지한 채 경쟁업체의 장점만을 내 브랜드에 녹이는 작업이 필수이다. 즉, 장점이 아무리 좋아

보여도 내 브랜드의 정체성과 어긋난다면 과감히 포기해야 한다. 그런데 내 브랜드의 정체성이 없기 때문에 무턱대고 '내 눈에 좋아 보이는 것'을 복사기에 넣어 복사하는 데 급급한 것이다.

두 번째 이유는 모방하기 쉽기 때문이다. 옆집에서 이베리코 돼지고기[12]를 사용해서 손님이 많으면 똑같은 고기를 사다 쓴다. 육류 음식점인 몽탄에서 우대갈비가 유행하니 또 우대갈비를 사다 쓰고, 숯에서 향이 나면 또 같은 숯을 사다 쓴다. 이렇게 팔았는데 안 팔리면 다시 안 팔면 되니 리스크가 적다고 생각해 아무렇지 않게 벤치마킹이라는 명분으로 아이템을 복제하는 것이다.

실제로 벤치마킹은 서비스업, 제조업, 유통업, IT 업종 등 모든 사업에서 적용된다. 문제는 벤치마킹과 카피의 차이를 모르는 것인지, 모르는 척하는 것인지 대다수가 벤치마킹이라는 이름으로 단순 카피를 한다는 것이다. 그 결과 대한민국에는 상호가 한 곳만 다른 미투 브랜드가 넘쳐나게 된 것이다.

---

12 스페인의 이베리아 반도에서 생산되는 특별한 종류의 돼지고기이다. 좋은 품질과 특색 있는 맛으로 유명하다.

세 번째 이유는 고객에 대한 진지한 고민 없이 벤치마킹을 한다는 것이다. 벤치마킹을 하기 전에 반드시 고객에 대한 고민이 선행되어야 한다. 내 브랜드를 이용할 가능성이 있는 잠재고객은 기본적으로 세 가지 선택권을 가지고 있다.

1. 내가 파는 상품을 구매한다.
2. 경쟁사의 상품을 구매한다.
3. 어디서도 구매하지 않는다.

사업을 하기 위해서는 1번을 선택한 고객이 필요하다. 고객이 내가 파는 상품을 구매하게끔 만들어야 한다. 그리고 내가 파는 상품을 구매하지 않는 잠재고객에 대해서도 그 이유를 파악해야 한다. 왜 구매하지 않을까? 경쟁사의 상품을 구매하기 때문일까? 그게 아니면 어디서도 구매하지 않기 때문일까? 잠재고객 중 대다수는 나에게서도 경쟁사에서도 상품을 구매하지 않는다. 즉 3번에 해당한다. 이 사실을 인지하고 사업에 임해야 한다. 판매가 이루어지지 않는 것은 고객에게 내가 파는 상품

자체가 필요 없기 때문이다.

2006년에 출간된 정재윤 작가의 《나이키의 상대는 닌텐도다》라는 책이 있다. 책 내용을 간략하게 소개하면 다음과 같다. 나이키가 매출 부진에 빠졌을 때 나이키 내부 직원들은 아디다스, 리복 같은 타 스포츠 브랜드들을 경쟁 상대로 삼고 마케팅과 세일즈 전략을 구상했다. 하지만 많은 조사 끝에 사람들이 나이키를 구매하지 않는 데는 다른 이유가 있다는 것을 알았다. 고객들은 아디다스나 리복 같은 경쟁사의 상품도 구매하지 않았다. 많은 사람이 어디서도 스포츠 상품을 구매하지 않은 것이다.

사람들이 스포츠용품을 구매하지 않은 이유는 무엇일까? 과거에는 사람들이 나이키 신발을 신고 스포츠 의류를 입고 밖에 나와 조깅을 하거나, 농구를 하는 등 운동을 즐겼다. 하지만 사람들이 닌텐도 같은 실내에서 즐길 수 있는 게임을 더 선호하게 되면서 스포츠용품을 구매할 필요성을 느끼지 못한 것이다. 이런 이유로 나이키는 닌텐도를 새로운 경쟁 상대로 삼았다. 그리고 사람들이 실내 게임 대신 밖으로 나와 운동을 하도록 마케팅하자 매출이 정상화 되었다는 내용이다.

결국 벤치마킹할 대상이 내 사업과 동종 업계가 아닐 수도 있다. 따라서 시장 전체의 흐름을 보고 내 상품을 구매하지 않는 사람들이 돈을 쓰는 곳이 어디인지를 파악하고 제대로 된 경쟁 상대를 선정하는 혜안을 가지고 있어야 한다.

그렇다면 올바른 벤치마킹은 어떻게 하는 것인지 사례를 한번 보자. 영국에 '프레타망제Pret a Manger'라는 샌드위치 전문 패스트푸드 체인이 있다. 이 샌드위치 기업은 미국 경제지인 〈포춘Fortune〉이 비틀즈 이후 영국 최고의 수출품이라고까지 극찬한 바 있다. 2022년 기준 약 860억 원의 영업이익을 기록하고, 전 세계에 약 600개의 매장을 거느리고 있는 초대형 샌드위치 기업이다.

하지만 앞서 소개한 세계 최고의 외식 기업인 맥도날드에 비하면 규모가 100분의 1도 안 되는 기업이다(참고로 전 세계에 있는 맥도날드 매장 수는 2022년 기준 3만 9000여 개다). 그런데 이 맥도날드가 프레타망제의 장점을 벤치마킹하기 위해 무려 33%의 지분을 매입했다.

192

여기서 행복한 상상을 한번 해보자. 이 책을 읽고 있는 당신이 만약 맥도날드 CEO이고 프레타망제를 벤치마킹하려고 마음을 먹고 지분을 33%를 보유했다면 무엇을 할 것인가? 또 굳이 맥도날드 CEO가 아니고, 지분을 매입하지 않았더라도 프레타망제를 벤치마킹할 기회가 생겼다면 무엇을 할 것인가?

단정할 수는 없겠지만 꽤 높은 확률로 대부분이 프레타망제의 메뉴를 카피하기 위해 혈안이 되지 않을까? 아니면 인테리어나 운영 매뉴얼에 관한 내부 문서를 카피할 것이다. 이는 한국의 외식 기업이 벤치마킹한다고 해도 마찬가지일 것이다. 이러한 방식이 우리가 흔히 알고 있는 벤치마킹이기 때문이다. 하지만 맥도날드는 프레타망제의 메뉴를 하나도 카피하지 않았다. 그들이 한 일은 내부에 들어가 프레타망제의 성공 요인을 분석하는 것이었다.

• 성공 요인 분석

1. 10년 이상 거래한 농가와 직거래를 통한 가격경쟁력

확보

→ 유기농 채소, 색소가 들어가지 않은 햄, 천연재
료로 만든 포장지를 사용

→ 경쟁업체 가격의 3분의 2 정도인 저렴한 판매가

2. 끊임없는 메뉴 개발과 테스트를 통한 지속적인 신
메뉴 출시

→ 신메뉴에 '저는 오디션을 통과하여 이 자리에 올
라왔습니다'라는 문구를 표시하여 진열하고 평
가받음

→ 한 달에 평균 20가지의 신메뉴 출시

3. 모든 매장을 100% 직접 운영

→ 가장 가치 있는 재산인 매력적인 상품을 위해
2000만 달러의 손실을 감수하고 일본 가맹사업
을 2003년에 철수함

→ 직원도 확고한 신념을 가지고 채용함(하루 종일 일
을 시켜보고 채용할지 말지를 기존에 일하던 직원들의 투
표로 결정)

'프레타포르테Prêt-à-porter'라는 말을 들어본 적이 있을 것이다. 프랑스어로 고급 기성복이라는 뜻이다. 프레타 망제도 샌드위치에 고급 기성복의 이미지를 부여하겠다 는 뜻이 강하다. 이처럼 사업을 시작할 때 이름부터 어 떻게 하겠다는 철학 또는 신념이 확고해야 한다. 맥도날 드는 프레타망제의 메뉴보다 일관된 신념을 벤치마킹하 기 시작하여 맥도날드의 카페 및 커피 사업을 강화했다. 이를 통해 패스트푸드 레스토랑의 이미지를 넘어 카페로 서의 신뢰성을 구축하려는 시도를 다양하게 했다. 무엇 보다 고객 경험을 개선하기 위해 노력하는 등 한 단계 더 발전했다.

한 가지 사례를 더 살펴보자. 서울 은평구 응암동에 60여 년 정도 된 대림시장이라는 전통시장이 있다. 이 시장 안에 '전'을 전문으로 파는 '불티나이모네전' 이라는 식당이 있었다. 8평 남짓한 작은 공간에서 전을 팔았는 데, 손님 대부분이 '인생전'을 먹어봤다고 할 정도로 맛 과 품질이 보증된 전집이었다.

하지만 외관은 누구나 상상할 수 있는 전통시장에

있는 작은 전집, 딱 그런 모습이었다. 허름한 식당에 산적, 동그랑땡, 동태전, 애호박전 등을 진열해 놓고 손님들에게 판매했다. 비가 오거나 명절이 되면 매출이 높아지지만 다른 날은 매출이 그저 그랬다. 주 고객층은 중년 여성인데, 매출을 유지하기 위해 배달 앱을 활용해 지역에 배달도 했다.

우리는 이 전집을 리브랜딩하기 위해 회의를 하고 분석을 시작했다. 그리고 인근 고객들에게 어느 정도 고급스러운 선술집에 대한 니즈가 있다고 파악했다. 그 결과 전통시장 내에 있으면서 연인, 가족, 지인과 함께하고 싶은, 작지만 매력 있는 나만의 비밀 술집으로 탈바꿈하기로 했다.

평수가 작고 전통시장 내에 있어 여러 가지 제약이 따랐지만, 작은 평수에 예약제로 운영되는 고급 술집들을 벤치마킹하기로 했다. 그래서 가격이 1인당 5만~20만 원 정도 하는 오마카세[13] 맛집들을 찾아다니며 분위기와 메뉴의 특징을 벤치마킹하고 장점들을 정리했다.

---

13 '맡긴다'라는 뜻의 일본어로, 메뉴판이 따로 없이 그날의 음식을 주방장이 알아서 만들어 내놓는 일본식 코스 요리이다. 대부분 주방장이 엄선한 제철 식재료로 만든 요리를 제공한다.

다만 절대 버리지 않는 신념을 중심에 두고 벤치마킹을 했다. 신념은 바로 '품질 좋은 전을 만들자'였다. 오마카세 맛집들의 분위기, 코스 구성, 주류 페어링, 응대, 음악 같은 요소들을 벤치마킹했지만, 나머지 모든 요소는 신념인 '품질 좋은 전'에 맞춰서 변화를 시도했다.

애피타이저로 김부각, 연어칩, 토마토치즈샐러드, 육회를 먼저 내고, 대표 메뉴인 모듬전 다섯 종류와 고급 전인 육전을 메인 음식으로 배치했다. 여기에 모듬해산물찜, LA갈비와 밥, 토마토해물스튜, 디저트로 구성된 코스 요리를 1인당 3만 9000원에 제공했다. 오마카세치고는 저렴한 전마카세 집으로 탈바꿈했다.

식당 내부에는 의자를 8개만 놓고, 100% 예약제로 운영했다. 외부에서는 시장 고객들을 위해 기존처럼 전을 포장하여 판매했다. 불티나이모네전은 벤치마킹과 리브랜딩으로 전혀 새로운 매장이 되었다. 하지만 모든 변화의 요소는 식당의 기본 신념인 '품질 좋은 전'에 맞추고 고객이 이를 더 가치 있게 느끼도록 하는 데 집중했다.

솔직히 벤치마킹을 하기 위해 많은 오마카세 맛집들을 찾아다니면서 욕심나는 메뉴들도 많았다. 메뉴 한두 개를 더 추가해서 더 고급스러운 이미지를 만들 수도 있었다. 하지만 그때마다 그 메뉴들이 '전'을 빛낼 수 있느냐 없느냐를 기준으로 생각하고 결정했다.

불티나이모네전 메뉴

불티나이모네전 내부

실패하는 사람들은
공통점이 있다

————•◦◦◦ ● ◦◦◦•————

나는 직업 특성상 많은 자영업자를 만난다. 그분들을 만나면 사업을 잘하든 못하든 꼭 나오는 공통된 단어들이 있다. 그중 하나가 바로 '운運'과 '환경'이다.

성공이라는 단어를 뭐라고 정확히 정의하기는 어렵다. 하지만 불법이나 편법, 범죄 등의 방법이 아닌 공정한 경쟁을 통해 물질적으로 성공한 사람들은 '운'이 좋아 성공했다고 이야기하는 경우가 많다. 반면 물질적으로 실패한 사람들도 '운'이 없다, 경제가 안 좋다, 자본이 부족하다, 상권이 안 좋다 등의 이유를 든다.

"저 사람은 집에 원래 돈이 많아서 성공한 거야."

"나도 저 사람처럼 인맥이 많았으면 성공했을 거야."

"저 사람 아이디어는 나도 생각했는데 운이 없었어."

"코로나만 끝나면 괜찮아질 거야."

"유동 인구가 더 많은 상권으로 가면 성공할 수 있어."

사업이 잘 안 되는 이유가 운이 없어서 그렇다고 핑계를 댄다. 모든 것을 현상과 상황 탓으로 돌리며 신세한탄을 한다. 문제는 이런 식으로 생각하는 사람들이 타인의 성공 또한 쉽게 깎아내린다는 것이다.

"빌 게이츠Bill Gates는 원래 돈이 많았어. 그래서 남이 만들어놓은 '도스DOS' 프로그램을 헐값에 살 수 있었고, 그걸 팔아서 부자가 된 운 좋은 사람이야."

"지금의 맥도날드는 맥도날드 형제가 다 만들어놓은 햄버거 브랜드야. 그런데 '레이 크록Ray Kroc'이라는 놈이 그걸 가져다 팔아서 잘 된 거야. 자기 아이템도 아닌데 운이 좋은 거지."

"다윗과 골리앗? 다윗이 골리앗을 때려잡을 때 던진 돌덩이가 운이 좋게 골리앗의 미간에 맞아서 이긴 거지 제대로 싸우면 다윗이 골리앗을 어떻게 이겨?"

이렇게 생각하는 사람들이 생각보다 아주 많다. 정작 목표를 가지고 포기하지 않고 누구보다 노력하여 성과를 일궈낸 사람들은 성공의 덕을 '운'으로 돌린다. 반면 성공하지 못한 사람들이 노력은 하지 않은 채 실패의 원인을 '운이 없던 탓'이라 말한다.

그렇다면 빌 게이츠, 레이 크록 등 성공한 사람들은 정말 '운'이 좋아 성공한 것일까? 이에 대해서는 조금만 찾아보면 사실과 다르다는 것을 알수 있다.

빌 게이츠는 유년 시절부터 이미 컴퓨터와 책 중독인 것으로 잘 알려져있었다. 10대 때는 이미 직원 관리 프로그램을 만들어서 회사에 팔아 로열티를 꾸준히 받을 정도로 실력이 좋았다. 그러나 이에 만족하지 않고 그는 늘 컴퓨터에 빠져 살았으며, 끊임없이 노력하고, 실패를 두려워하지 않으며 쉬지 않고 다양한 시도를 했다. 그러던 중 DOS라는 프로그램이 눈에 들어왔고, 준비되어있었기에 눈앞의 기회를 놓치지 않은 것이다.

맥도날드의 초대 CEO인 레이 크록은 중학생 때부터 가치 있는 물건을 발견해서 파는 것에 관심이 많았다. 여러 가지 장사를 하며 판매 기술과 좋은 상품을 골라내는 안목을 키웠다. 믹서기를 판매할 당시에도 단순 믹서기 판매원이 아닌 믹서기를 미국 전역에 판매하는 믹서기 판매왕이 되었다. 이처럼 가치 있는 상품을 발견하여 외부로 노출하는 노력을 쉬지 않고 했다. 상품의 품질과 상관없이 판매왕을 할 능력이 있었으나, 좋은 상품(맥도날드)을 발견하고는 그것을 발전시키기 위해 판매왕이라는 타이틀도 기꺼이 반납할 정도로 대담함도 갖춘 사람이다.

성경에 나오는 다윗은 어떠한가? 어린 양치기 소년이 운이 좋게 돌멩이를 잘 던져서 나라의 운명이 걸린 전쟁에서 골리앗을 이길 수 있던 것일까? 다음은 다윗의 이야기가 나온 성경 구절이다.

'주의 종(다윗)이 아버지의 양을 지킬 때 사자나 곰이 와서 양 떼에서 새끼를 물어가면 내가 따라가서 그것을 치고 그 입에서 새끼를 건져내었고 그것이 일어나

나를 해하고자 하면 내가 그 수염을 잡고 그것을 쳐 죽였나이다.'

〈사무엘상 17장 34~35절〉

성경에는 다윗이 양치기였던 소년 시절부터 양을 잡아가는 사자나 곰을 때려잡아 입에서 양을 꺼내오고, 수염을 잡고 쳐 죽일만한 실력을 이미 갖추고 있었다고 묘사되어있다. 어린 소년의 나이로 이미 UFC 세계 챔피언의 실력과 자질을 지니고 있었다는 것이다.

당연한 말이지만 기회는 준비된 자에게만 온다는 격언을 기억해야 한다. 물론 운이 좋아 성공할 수도 있다. 운이 좋아 로또에 당첨될 수도 있고, 새로 오픈한 매장에 감당할 수 없을 만큼 손님이 미어터지는 일도 있다. 이외에도 순전히 운이 좋아 성과를 얻는 경우들이 세상을 살다보면 종종 있다.

그런데 그것이 과연 성공일까? 오로지 운만으로 얻은 성과가 과연 얼마나 지속 가능할까? 어느 정도의 성공을 거두었는데도 결국 실패하는 사람들은 '운'으로 얻은 일시적인 성공을 자신의 실력 덕분이었다고 착각하는 경우가 많다. '내가 왕년에는 말이야'와 같은 '라떼 신공'을 펼치는 사람들 대부분이 운과 실력을 착각해서 과거의 영광에 사로잡혀 사는 것이다.

세상에 공짜는 없다. 공부한 만큼 성적이 나오는 것이고, 노력한 만큼 성공에 가까워지는 것이다. 요즘은 책, 유튜브, 온라인 강의를 통해 일부 성공팔이 강사들이 노력 없이 성공하는 일시적인 방법에 관해 이야기하는 것을 어렵지 않게 접할 수 있다. 하지만 세상에 그냥 얻을 수 있는 것은 없다. 빌 게이츠도, 레이 크록도, 다윗도 그리고 세상에 존재하는 수많은 성공한 사람들도 이 사실을 알고 있다. 기회를 잡기 위한 필사적인 노력은 필수다. 예외는 없다.

그렇다면 노력하고 준비와 경험을 차곡차곡 쌓는다면 무조건 성공하는 것인가? 죽을 만큼 노력하고도 아무런 성과를 내지 못하고 실패하는 경우는 주위에도 많다. 세상을 바꿀 만한 발명품을 개발하고도 끝내 상품화하지 못하고 사장되는 경우도 생각보다 많다. 이것은 어떻게 설명할 수 있을까? 이 부분에 대해서는 실행이라는 키워드로 설명할 수 있다.

때는 바야흐로 1995년 중학교 1학년 때였던 것 같다. 우리 집은 똥구멍이 찢어질 만큼은 아니지만 그 직전까지 가난한 집이었다. 그런데 부모님께서 아들 공부를 위해 무리해서 S대 출신 대학생에게 고액 과외를 받게 하신 적이 있다. 그것도 태생부터 문과의 피가 흐르고 있던 나에게 부족한 점을 메우라며 수학 과외를 시켜주셨다.

나도 나름 어머니께 실망을 드리지 않으려 했다. 하지만 숫자를 보는 순간 내 머릿속은 하얗게 되고, 집중하려 하면 할수록 과외 시간에 멍만 때리는 나를 발견하게 되었다. 그러나 그 당시 과외 선생님은 호갱님을 놓치지 않았다.

"우리 문진이가 머리는 좋은데 노력이 부족해요."

"조금만 더 하면 될 것 같아요."

이러한 희망 고문으로 어머니께서 미싱으로 힘들게 번 피 같은 돈을 가져갔지만 나는 결국 3개월 만에 과외를 그만두고 말았다. 그리고 그해에 수학 점수로 30점을 받았고, 2024년인 지금까지도 씁쓸하게 수포자로 인생을 보내고 있다.

갑자기 눈물이 앞을 가리는 개인사를 왜 이야기하느냐? 바로 선생이 중요한 게 아니라 학생이 중요하다는 이야기를 하려고 한다. 그 당시 내 과외를 담당하던 선생님은 S대 수학과에 재학 중인 대학생이었다. 나 외에도 다른 똑똑한 친구들의 과외도 병행하고 있었으며 실제로 좋은 성적을 내는 많은 학생도 있었다. 하지만 나는 아니었다.

나라는 사람은 수학에 전혀 관심이 없었기에 당연히 잘하지도 못했다. 더 중요한 사실은 열심히 하지도 않았다는 것이다. 오히려 과외 선생님은 더 열심히 가르치려고 애썼지만 나에게는 잘하고 싶은 의지도 노력도 없었다. 어머니를 실망하게 해드리고 싶지 않았기에 열심히 하는 척한 것이지 실제로는 시간 때우기였다. 이 핑계 저 핑계를 대며 예습과 복습은 하지도 않고 선생님이 알아서 해주리라고 여긴 것이다.

공부뿐만 아니라 사업과 장사도 마찬가지다. 나는 세미나나 강의나 상담을 통해 많은 사업가를 만나 문제점을 제시하고, 가야 할 방향을 제시한다. 하지만 수천만 원의 계약을 통해 멋진 브랜드를 만들고도 실행이 부족해서 사업을 지속해서 끌고 가지 못하는 경우가 있다. 반면 한 번의 강의로도 인생이 바뀌는 경우도 수없이 많다.

돈이 많고 적고를 떠나,

사업가가 젊고 늙고를 떠나,

현재 사업이 잘되고 안되고를 떠나,

상품이 비싸고 저렴하고를 떠나,

사업의 결과는 천차만별이다.

그리고 그 결과를 좌지우지하는 것은

바로 사업가의 **'의지'**와 **'실행'**이다.

경쟁은 상위 3%만 하고 있다

———•◦◦◦ ● ◦◦◦•———

2장에서 이야기한 한일옥의 사장님은 종로 한복판에 수백억 원에 달하는 8층짜리 건물을 소유하고 있는 지역 유지이다. 현재 직원도 20명 정도를 유지하고 있고 평생 먹고살 걱정은 안 해도 되는 곳이다. 그런데 한일옥의 사장님은 우리 회사와 리브랜딩을 하는 과정에서 사소한 것들도 이야기하면 바로 실행에 옮기는 모습을 보여주었다.

작업 동선 변경을 위한 회의 중

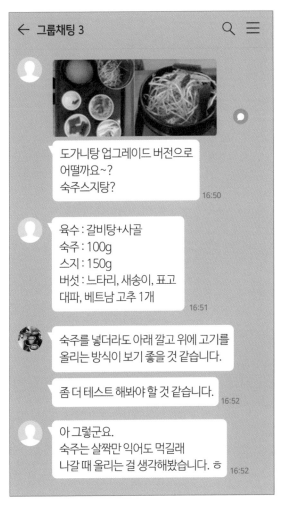

도가니탕 업그레이드 버전으로
어떨까요~?
숙주스지탕?

16:50

육수 : 갈비탕+사골
숙주 : 100g
스지 : 150g
버섯 : 느타리, 새송이, 표고
대파, 베트남 고추 1개

16:51

숙주를 넣더라도 아래 깔고 위에 고기를
올리는 방식이 보기 좋을 것 같습니다.

좀 더 테스트 해봐야 할 것 같습니다.

16:52

아 그렇군요.
숙주는 살짝만 익어도 먹길래
나갈 때 올리는 걸 생각해봤습니다. ㅎ

16:52

테스트한 메뉴에 관한 아이디어 공유 중

30년 동안 한곳에서 터줏대감으로 장사를 한 사장님은 사업을 하면서 작업 동선이나 메뉴에 들어가는 재료 하나까지 사소한 것들에 관해 질문했다. 또 수행 과제가 정해지면 기다리지 않고 바로 실행에 옮기는 모습을 프로젝트 기간 내내 보여주었다.

이런 곳은 함께 일하는 사람들이 더 신나서 일하게 된다. 한두 개만 해도 충분한 것도 더 많이 해주게 된다. 이런 곳은 무조건 성과가 난다. 성적이 오르고, 점수가 오르고, 매출이 오르고, 마진이 오른다. 한일옥은 실제로 리브랜딩 프로젝트 진행 후에 매출이 전보다 300% 이상 상승했고, 지금도 지속해서 우상향으로 상승하고 있다.

반면 예전에 브랜딩을 진행한 인천의 한 고깃집은 소기의 목표만 달성했을 뿐이다. 내가 부족한 측면도 분명히 있었겠지만, 실행력이 매우 아쉬웠다. 그 고깃집은 수준 높은 음식에 비해 인지도가 부족했다. 식당이 주택가에 있었기 때문에 나는 사장님께 무료 쿠폰을 디자인해서 보내드렸다. 그리고 인근 아파트 우편함과 자동차 등에 꽂아두고, 인스타그램으로 동네 사람들을 팔로우하시라고 과제를 주었다. 하지만 답변은 늘 이랬다.

"바빠서 시간이 없어요."

"디자인을 좀 더 세련되게 했으면 해요."

그러고는 한 달이 지나서야 한두 번 잠깐 시도해보고, 효과가 없다며 다른 것으로 바꿔 달라고 요청을 해왔다.

한번은 신메뉴를 맛보기용으로 만들어서 손님에게 음식을 제공할 때 홍보용으로 조금씩 서비스하자고 제안을 했다. 그러자 사장님은 그러면 남는 게 없다며 거부했다. 또 평소보다 1시간 일찍 출근해서 활기찬 음악을 틀고 청소도 하며 분위기를 바꾸자고 하면 피곤해서 일찍 나오기 힘들다고 했다. 이 식당은 결국 사장님에게 호의적인 컨설턴트로 변경한 후, 얼마 못 가 폐업하고 말았다(맞다. 나는 그렇게 좋은 소리만 하는 호의적인 사람이 아니다).

상담을 하다 보면 처음에는 열 가지면 열 가지 무엇이든 할 준비가 되어있다고 의욕을 보인다. 열심히 하는 것은 자신 있다고 말한다. 하지만 정작 방법을 제시했을 때 실행에 옮기는 사람은 많지 않다.

학창시절의 성적도 공부를 열심히, 꾸준히 하는 사람만 오른다. 장사도 마찬가지다. 결국에는 당사자가 하는 것이다. 누구나 바쁘고, 누구나 피곤하고, 누구나 새로운 것을 하기에 벅차다. 하지만 그 벅찬 일을 계속해서 해나가야 남들보다 앞서갈 수 있다.

다들 나만큼은 하고 있다. 사업의 흥망성쇠는 결국 나 자신에게 달려있다. 이 책에서 이야기한 브랜딩, 신념, 센스, 스토리텔링, 네이밍, 벤치마킹 모두 올바른 방향으로 실행을 하기 위한 도구일 뿐이다. 매일 버티기 위한 노동이 아닌 바뀌기 위한 노력을 해야 한다.

"우리는 경쟁사회에 살고 있지 않아요."

소상공인시장진흥공단에서 주최하는 자영업자를 위한 세미나에 초청을 받아 강의하던 중에 내가 무심결에 한 말이다. '어딜 가나 경쟁이고 살아남아야 한다고 유치원에서부터 교육받아 왔고 지금도 늘 경쟁 속에 살고 있는데 이게 뭔 소리인가?'라는 눈빛을 보내는 분들도 있었다. 하지만 지금도 내 생각에는 변함이 없다. 우리는 경쟁사회에 살고 있지 않다. 진심이다.

왜 그렇게 생각하냐고? 진정한 경쟁은 상위 3%만 하고 있기 때문이다. 매일 아침 식당에 출근해서 장사할 준비를 하고, 손님을 받고, 영업하고, 청소하고, 마감하고, 퇴근하는 일이 경쟁에서 이기기 위한 노력이라고 생각하는가? 아니다. 대한민국 모든 자영업자가 그렇게 하고 있다. 그런 일은 경쟁이 아니다. 단지 현상을 유지하는 일에 불과하다.

중학생 때 나는 큰 말썽을 피우지 않는 평범한 학생이었다. 학창시절 12년 동안 지각이나 결석 한 적이 총 다섯 번이 안 된다. 수업 시간에 존 적고 솔직히 별로 없었다. 선생님 말씀도 잘 듣고, 수업 시간에 필기도 열심히 해서 공부를 열심히 한다는 소리를 들었다.

하지만 나는 등수가 반에서 42명 중 36등을 한 적도 있을 정도로 성적이 좋지 않았다. 나 스스로 노력하고 있다고 생각했었기에 억울했다. 하지만 내가 한 것은 노력이 아니었다. 공부하는 방법을 몰랐고, 성적을 올리는 방법을 몰랐다. 수업 시간에 자리를 지키고 필기만 잘하면 성적이 오른다고 착각했다. 오늘날의 많은 자영업자가 그런 것처럼 말이다.

공부는 누가 잘할까? 비싼 돈을 들여서 족집게 과외

를 듣는 아이들일까? 아니면 강남에 있는 학원에서 1타 강사의 수업을 듣는 아이들일까?

장사는 누가 잘할까? 비싼 돈을 들여서 마케팅하는 사람들일까? 1타 창업 강사로부터 비싼 교육이나 강의를 듣는 사람들일까?

공부를 하든 장사를 하든 진짜 결과를 내기 위해서는 노력과 실행이 필요하다. 현실 안주와 만족이 아닌 오답 노트를 계속해서 수정해 나가는 '의식적인 노력'이 필요하다. 그런 일은 귀찮고, 힘들고, 어렵고, 짜증난다. 그렇다고 안 할 것인가?

자영업 시장은 모든 아이템이 포화 상태라고 한다. 그래서 살아남기 어렵다고 한다. 하지만 제대로 된 경쟁은 상위 3%만 하고 있다. 다행이지 않은가? 바꿔 말하면 나머지 97%의 사람들은 경쟁을 하고 있지 않다는 말이다.

이 책 전반에 걸쳐 상위 3%로 가는 의식적인 노력을 하는 방법에 관해 이야기했다. 하지만 실행은 스스로 해야 한다. 익숙하지 않은 것들이라 어렵고 번거롭고 힘들 수 있다. 하지만 세상에 쉬운 길은 없다. 남들이 하지 않는 길을 가야 남들과 달라질 수 있다.

새로운 시작을 위하여

자영업자를 위한 브랜딩 여정을 마무리하면서, 지금까지의 과정이 어떠했는지와는 관계없이 이 책에서 이야기하고자 한 브랜딩 이야기와 전략은 단지 출발점에 불과합니다. 자영업이라는 길은 결코 쉬운 길이 아니지만, 확실한 방향성과 열정이 있다면 그 길은 분명히 보람차고 성공적일 것입니다.

브랜딩은 단순히 로고를 만들고, 멋진 광고를 제작하

는 것을 넘어 고객과의 진정한 소통을 이루는 과정입니다. 브랜드는 고객의 마음속에 자리 잡는 것이고, 그 과정에는 시간과 노력이 필요합니다. 고객에게 신뢰를 주고, 지속적인 가치를 제공할 때 비로소 여러분의 브랜드는 빛을 발하게 됩니다.

브랜딩은 일회성 작업이 아니라 끊임없이 변화하고 진화하는 과정입니다. 시장의 트렌드, 고객의 요구, 경쟁 환경 등 다양한 요소들이 변함에 따라 우리의 브랜딩 전략도 유연하게 대응해야 합니다. 따라서 자영업자 여러분께서는 항상 열린 마음으로 새로운 지식을 받아들이고, 변화에 적응하는 자세를 가져야 합니다.

지금까지의 경험과 이 책에서 얻은 지식을 바탕으로, 여러분의 비즈니스를 한 단계 더 발전시키는 기회를 찾길 바랍니다. 세미나, 워크숍, 온라인 강의 등 다양한 학습 기회를 통해 최신 트렌드를 습득하고, 이를 실제 비즈니스에 적용해보세요. 또 다른 자영업자들과도 네트워킹을 통해 다양한 인사이트를 얻고, 서로의 성장을 도모하는 것도 큰 도움이 될 것입니다.

브랜딩의 핵심은 고객과의 진정한 소통에 있습니다.

고객의 목소리에 귀 기울이고, 그들의 피드백을 적극적으로 반영하는 것이 중요합니다. 고객이 느끼는 가치를 최우선으로 생각하고, 그들의 기대를 넘어서기 위한 노력을 아끼지 마세요. 고객이 여러분의 브랜드에 대한 긍정적인 경험을 쌓아갈 때, 그들은 자연스럽게 여러분의 충성고객이 될 것입니다.

소셜미디어를 통한 소통도 중요합니다. 적극적으로 소셜미디어를 활용하여 고객과의 접점을 늘리고, 그들과의 관계를 강화하세요. 이를 통해 고객의 요구를 실시간으로 파악하고, 신속하게 대응할 수 있습니다. 소셜미디어는 여러분의 브랜드 스토리를 효과적으로 전달할 수 있는 훌륭한 도구입니다.

브랜딩은 단기적인 성과를 목표로 하기보다는 장기적인 관점에서 접근해야 합니다. 지속 가능한 경영을 위해서는 환경과 사회에 대한 책임감을 지니고, 윤리적인 비즈니스 운영을 실천해야 합니다. 이는 단순히 이미지 개선을 위한 것이 아니라, 장기적으로 여러분의 브랜드 가치를 높이고, 고객의 신뢰를 쌓는 중요한 요소입니다.

환경친화적인 제품 개발, 공정 거래 원칙 준수, 지역

사회와의 협력 등 다양한 방법을 통해 지속 가능한 경영을 실천할 수 있습니다. 이러한 노력은 고객들에게 긍정적인 이미지를 심어줄 뿐만 아니라, 직원들에게도 자부심을 심어줍니다. 더 나아가 이는 비즈니스의 장기적인 성장과 성공에 크게 기여할 것입니다.

마지막으로, 자영업자 여러분께서는 항상 미래를 향한 도전을 멈추지 않기를 바랍니다. 변화와 불확실성이 가득한 세상에서 도전 정신과 혁신적인 사고가 여러분의 비즈니스를 더욱 견고하게 만들 것입니다. 두려움에 굴복하지 말고, 새로운 기회를 찾아 끊임없이 도전하세요.

성공적인 브랜딩은 결국 여러분의 열정과 노력의 산물입니다. 이 책이 여러분의 비즈니스 여정에 작은 도움이 되기를 바라며, 앞으로의 모든 도전에 있어 힘찬 응원을 보냅니다. 자영업자 여러분의 밝은 미래를 기원하며 이 책을 마무리합니다. 감사합니다.

2024년 5월
배문진